FORGET 68

Collection *Monde en cours*

Série *Hors micro* créée avec France Inter
entretiens inédits menés par Stéphane Paoli et Jean Viard
avec ceux qui font l'actualité.

Dans la même série :
Edgard Pisani, *Le Sens de l'État*, 2008

www.aube.lu
www. franceinter.com

ISBN 978-2-7526-0451-4

Daniel Cohn-Bendit

Forget 68

Entretiens
avec Stéphane Paoli et Jean Viard

éditions de l'aube

Du même auteur (publications en France) :

Quand tu seras président (avec Bernard Kouchner), Robert Laffont, 2004

La France est-elle soluble dans l'Europe ? (avec Henri Guaino), Albin Michel, 1999

Une envie de politique (avec Lucas Delattre et Guy Herzlich), La Découverte, 1999

Sois jeune et tais-toi !, L'Esprit frappeur, 1999

Petit Dictionnaire de l'euro (avec Olivier Duhamel), Seuil, 1998

Xénophobies (avec Thomas Schmid), Grasset, 1998

Gilles Caron, Centre national de la photographie, 1998

Reconstruire un pouvoir politique (avec Philippe Herzog), La Découverte, 1997

Nous l'avons tant aimée, la révolution, éd. Bernard Barrault, 1986

De l'écologie à l'autonomie (avec Cornelius Castoriadis), Seuil, 1981

Le Gauchisme, remède à la maladie sénile du communisme (avec Gabriel Cohn-Bendit), Seuil, 1968

Stéphane Paoli. – Daniel Cohn-Bendit, quarante ans après 1968, s'il fallait qualifier ce qui s'est passé alors, qu'est-ce qui vous viendrait à l'esprit ?

Daniel Cohn-Bendit. – 1968 a été une révolte planétaire. Si on repense à la fin des années 1960, on discerne une révolte à l'Est comme à l'Ouest, au Sud comme au Nord. Pratiquement partout, on est confronté à des révoltes, des occupations d'universités ou de lycées, des manifestations. La preuve en est que si aujourd'hui vous faites un livre, il vous suffit de mettre deux chiffres sur la couverture : 6 et 8 – 68 – et, automatiquement, les gens, que ce soit en Turquie, en Amérique latine, à Prague ou à Varsovie, à Paris ou à Berlin, à New York ou à San Francisco, à Sarajevo ou à Rio, pensent tout de suite à 1968, à la révolte de la fin des années 1960. C'est cela qu'il faut comprendre.

On ne peut pas réfléchir sur la signification de cette révolte en la réduisant à un seul pays, même si c'est en France que la révolte a été la plus intense puisque, contrairement aux autres pays, elle a débouché sur une grève générale. Il existe donc une spécificité française de 68, mais celle-ci s'insère dans le cadre d'un mouvement plus général. Raison pour laquelle l'éditorial de Viansson-Ponté du 15 mars 1968 est titré « La France s'ennuie ». Car quand le mouvement de révolte a commencé à émerger un peu partout sur la planète, rien ne semblait bouger en France. Et quand, finalement, la révolte a surgi en France, elle a exprimé quelque chose qui était en gestation dans la société et qui a par conséquent, au fil d'événements imprévus, trouvé le moyen de sortir des profondeurs.

Stéphane Paoli. – Puisque tout était annoncé et, en effet, depuis longtemps, Viansson-Ponté – et à travers lui la France – ne veut pas voir, ou n'a pas compris, ce qui se passe ailleurs. Est-ce que ce pays, qui est encore très bourgeois, très autoritaire, très centralisé, refuse de voir ce qui se prépare ? Est-ce qu'il y a une forme d'aveuglement ou pas ?

Daniel Cohn-Bendit. – Non. Je crois qu'en France, nous nous sommes retrouvés emprisonnés dans la logique implacable du gaullisme. Le gaullisme était fascinant car il avait permis une incroyable modernisation de la France, notamment au niveau économique. C'était un système qui fonctionnait. Arrivé au pouvoir en 1958 dans une France essoufflée, ce système, avec ses institutions autoritaires, a remis la France en marche et lui a permis de faire un véritable bond en avant. Aussi, en dépit d'un contexte où se propageaient les révoltes, la France semblait plongée dans une léthargie de laquelle rien ne pouvait surgir puisque le gaullisme dominait à tous les niveaux: l'État, les médias – surtout la radio et la télévision... La France de l'époque correspondait à une démocratie atypique vivant dans un système fermé apparemment imperméable à toute éruption de révolte.

La situation politique présentait une certaine analogie avec celle des pays communistes de la fin des années 1980, où ni l'Union soviétique ni une quelconque démocratie populaire ne semblaient pouvoir changer. Je ne veux pas dire que le gaullisme et le totalitarisme soviétique étaient comparables. Simplement, qu'il s'agissait de sociétés fermées pour lesquelles il était difficile d'imaginer les conditions de leur dérèglement. Même si les époques diffèrent radicalement, il aura fallu dans chacun de ces cas l'émergence de mouvements atypiques pour dérégler une machine qui était organisée autour d'une compréhension très traditionnelle des événements et des forces politiques en jeu. Autour d'un communisme, d'un gauchisme, d'un trotskisme ou d'un maoïsme on ne peut plus traditionnels. Tout aussi traditionnels, le gaullisme de l'époque, la gauche d'avant les socialistes, le syndicalisme étudiant dont l'identité s'est forgée dans une opposition à la guerre d'Algérie… Pour comprendre cette période, il faut faire rimer « traditionnels » avec « conservateurs idéologues » ou « idéologiquement conservateurs ». La bulle libertaire, quant à elle, était en pleine implosion : situationnisme, marxisme libertaire à la sauce de « socialisme ou barbarie ». Bref, un espace libertaire évoluant entre l'ancien et le nouveau, entre tradition et innovation théorique.

Jean Viard. – Peut-on dire que c'est la rencontre de deux mouvements ? Il y a, d'un côté, la tradition française des grands feux révolutionnaires : 1789, 1848, 1936, 1968… Une société dirigée par l'État qui, de temps à autre, donne un grand « coup de sac » pour bouger, véritable tradition nationale depuis 1789. Et puis, de l'autre côté, c'est le premier événement politique de la mondialisation. Un « fond de l'air planétaire » qui n'est pas organisé par des acteurs structurés et internationaux. Il n'y a pas de partis, pas de structures qui lient ces événements concomitants, de Berkeley à Prague et Paris. Ne sommes-nous pas à un carrefour entre la tradition française, où l'État ne change que lorsqu'il y a des grands coups de sac ou des conflits, et les premiers pas d'une mondialisation, on pourrait dire des esprits, des mentalités ?

Daniel Cohn-Bendit. – Oui, il s'agit de la spécificité française – j'ai parlé d'une démocratie atypique gaulliste… Et la question qui se pose est de savoir s'il s'agit d'une révolution ou d'une révolte.

Jean Viard. – Vous n'employez pas le mot « révolution »...

Daniel Cohn-Bendit. – Non, parce que ce n'en est pas une. En fait, 1968 est une révolte. Je crois que cette nuance est fondamentale. Et l'intensité de cette révolte planétaire varie selon la capacité du pouvoir politique local à réformer ou pas. Autrement dit, une société en mal de réformes finit, à un moment ou à un autre, par exploser. Et c'était exactement la situation en 68. En France, la situation était telle que, d'un côté, on trouvait ce que j'ai appelé une modernisation économique et, de l'autre, une conception de la vie, une morale qui étaient d'un autre âge. On peut le dire autrement – et c'est valable pour tout le monde : le télescopage de la fin des années 1960 est un télescopage entre la génération qui n'a pas vécu la guerre et celle qui a structuré un système issu de celle-ci, conservant donc cette mémoire d'une mise à mal radicale du monde, de la démocratie et de la liberté.

Pour eux, il a été question d'un péril majeur, ultime. Et c'est en partant de cette expérience que ces générations ont dû reconstruire l'Europe

– et le monde – d'après 1945. Mais au moment où l'on a commencé à sortir de cette phase de notre histoire, ces souvenirs se sont télescopés avec la génération de l'après-guerre. Moi, je suis né en 1945, juste après la guerre. La guerre n'appartient pas à mon vécu. Mon vécu, c'est l'évolution de nos sociétés de la guerre jusqu'aux années 1960. C'est-à-dire un progrès, un accroissement du bien-être, l'apparition de pans de liberté possibles démontrant que la vie telle que nous l'envisagions, la vie telle que nous la voulions, ne correspondait pas du tout à la vie des parents ou des grands-parents ou encore à celle qu'imposait alors la morale de la société.

On me reproche souvent de réduire les révoltes de 68 à un conflit de générations. Cette critique n'est pas fondée. J'estime simplement qu'il a fallu une nouvelle génération pour réussir à ouvrir une brèche dans laquelle est venue s'engouffrer une partie de la société s'exprimant avec des revendications propres.

Les années 1960 en France, c'est quoi? Donnons l'exemple d'une femme mariée qui veut ouvrir un compte en banque : elle doit demander l'autorisation écrite à son mari. Même topo si elle veut travailler. Autre exemple, la violence à l'égard des enfants. Je ne parle pas de gifles, mais d'enfants littéralement battus ! Je me souviens, à l'école communale, au début des années 1950, j'avais un instituteur qui nous tirait par les cheveux et qui nous tapait sur les doigts… J'ai dit à ma mère : « Je veux aller chez le coiffeur ! » Vu que je ne voulais jamais aller chez le coiffeur, elle s'est demandé ce qui pouvait bien m'arriver. J'en reviens le crâne rasé. Elle me dit : « Qu'est-ce qui t'a pris ? – Il ne me tirera plus jamais par les cheveux. » Un soir, en discutant avec des amis, nous nous sommes rendu compte que, sur six personnes, cinq se faisaient tabasser par leurs parents quand ils étaient jeunes. C'était cela, le monde des années 1950 et 1960. C'est donc lentement qu'au cours de cette période, sont nés la révolte, le besoin de s'émanciper de cette société. C'est dans cette phase de l'histoire que l'on trouve la raison d'être de la révolte.

Nanterre, le début de tout

Stéphane Paoli. – Venons-en aux événements de 1968 eux-mêmes. Nanterre, une photo du lieu : Nanterre était une université neuve, isolée de la ville, au milieu d'un bidonville invraisemblable. C'est la géographie du lieu.

Daniel Cohn-Bendit. – Oui, le lieu compte, et je crois que l'explication est simple. Nanterre était une université en dehors de Paris dont l'avantage – mais en même temps le désavantage – était de voir la majorité des étudiants arriver le matin et repartir le soir. Mais, quand ils étaient à l'université, ils y étaient scotchés, parce qu'elle était entourée de bidonvilles et d'un désert… au contraire de Paris où, dès que l'on quitte la Sorbonne, on est dans la ville, on va au cinéma, on fait autre chose… Bref, il y avait la cité universitaire, la cafétéria, le restaurant universitaire et les halls. À partir du moment où il y a eu une certaine effervescence, on a pris les lieux et on y est restés. Cela a créé un mouvement de type « tribu ».

Début novembre 1967, une grève importante pour obtenir la réforme de l'organisation des examens est déclenchée à Nanterre. J'en étais l'un des porte-parole ou, mieux, la caisse de résonance. Cette grève a politisé la faculté. Ainsi, quand quelques mois plus tard, en mars 68, une manifestation de militants, qui avaient attaqué l'American Express à Paris pour protester contre la guerre menée par les Américains contre les Vietnamiens, celle-ci a débouché sur des arrestations. Une vague de protestations s'est alors levée et nous avons décidé, à 122, d'occuper le bâtiment administratif et la salle du conseil de l'université – au sixième ou au huitième étage, je ne me souviens pas précisément. Ce fut la première occupation qui, le 22 mars, a entraîné un appel à faire une journée de grève et de discussions sur le campus de Nanterre. Résultat, le recteur décide de fermer l'université. Ce débat a alors lieu en dehors de l'université. Ce sont ces fameuses images où l'on voit des étudiants assis devant l'université. C'est ce qui a créé le climat du « mouvement du 22 mars ».

Stéphane Paoli. – Là, vous avez un point commun avec Sarkozy – mais avec un assez net coup d'avance sur lui – car vous appelez à la rupture. Vous dites : « Il faut rompre avec les techniques de contestation traditionnelles, qui ne peuvent plus rien. » Vous êtes déjà un personnage de rupture.

Jean Viard. – Une rupture dans votre propre camp ; comme Sarkozy certes, mais, pour lui, la rupture est au sein de la droite.

Daniel Cohn-Bendit. – Bien sûr, pour nous, c'est au sein de la gauche.

Jean Viard. – … Dans votre propre camp donc.

Daniel Cohn-Bendit. – C'est vrai qu'on est en rupture avec la tradition révolutionnaire, le mode de fonctionnement syndicaliste révolutionnaire. Pendant cette période, je me rappelle d'un conseil national de l'Unef. C'était en avril 68, juste après les premiers événements à Nanterre. Comme je n'étais pas délégué, le débat s'est d'abord éternisé sur une question : « Est-ce qu'il a le droit de parler ? » « Il n'est pas délégué, donc il n'a pas le droit de parler. En même temps, c'est quand même un camarade qui représente les révoltes… » Et ce pendant trois quarts d'heure. On m'a finalement donné la parole. J'ai alors pu leur dire ceci : « Vous savez ce qui va se passer ? Un mouvement va se créer, il y aura des occupations d'universités, et toutes les universités vont finir par être occupées. Un mouvement est en marche. » Ils m'ont pris pour un fou, un hurluberlu… On connaît la suite.

Et que s'est-il passé ? Les événements de Nanterre ont eu lieu. La tension s'est durcie, l'université a pris des sanctions administratives contre six d'entre nous pour nous exclure de l'université. Nous devions passer devant un conseil de discipline. Un meeting de solidarité s'est alors organisé dans la cour de la Sorbonne et, je ne sais pour quelle raison, le rectorat de

Paris a alors pris peur. Le « 22 mars » débarque à la Sorbonne, dans la cour de la Sorbonne… Le bruit courait que l'extrême droite voulait attaquer la cour de la Sorbonne où se trouvaient des gauchistes. Le recteur panique. Il ferme l'université. Il appelle la police.

Nous sommes deux cents à être arrêtés. Dans la rue, des étudiants voient des étudiants arrêtés. Ils commencent à faire n'importe quoi, et attaquent les cars de la police. C'est la première manifestation spontanée dans Paris et elle surprend tout le monde ! Et vu que, quelques jours plus tard, nous allions passer devant le conseil de discipline, ils ferment tout le quartier Latin, provoquant ainsi une vague de manifestations. Nous arrivons à six devant la Sorbonne où a lieu la prise de la photo que l'on connaît – et qui est en couverture de ce livre.

Stéphane Paoli. – La fameuse photo du regard échangé avec le policier…

Daniel Cohn-Bendit. – La photo de Gilles Caron. Plusieurs photos de ce genre ont été prises, mais celle-là est symbolique. Je crois que le symbole dont se sont emparées les manifestations, c'est le symbole de ce sourire, qui fait rimer liberté avec plaisir.

Stéphane Paoli. – Il y a eu ça et un autre élément aussi, le « direct » : la radio et le direct.

Daniel Cohn-Bendit. – Il y a eu trois événements. Premièrement, le symbole de cette photo, c'est l'irruption…

Jean Viard. – Le plaisir de vivre…

Daniel Cohn-Bendit. – Raison pour laquelle on ne se situe pas sur un plan révolutionnaire. Ce n'est pas armée contre armée, une lutte de classe. C'est un sourire d'une insolence incroyable face à quelque chose qui est complètement figé. Et cela fait irruption dans les têtes et dans les chaumières.

Stéphane Paoli. – Quand vous la regardez aujourd'hui, quand vous vous voyez – Cohn-Bendit regardant Cohn-Bendit quarante ans après –, comment la lisez-vous ?

Daniel Cohn-Bendit. – Cette photo, mon fils me l'a mise sur mon portable. Un jour, il m'a dit : « Je vais te montrer quelque chose. » J'ouvre mon portable, et c'est cette photo qui apparaît. Et il me dit : « Tu vois, ça, c'est toi ! » Mais lui me dit ça quarante ans après – il a dix-sept ans aujourd'hui. Cette photo, pour moi, reste quelque chose qui me marque, qui me décrit, qui me définit profondément.

Jean Viard. – En fait, vous avez passé votre vie à habiter cette photo.

Daniel Cohn-Bendit. – Mon histoire, c'est plutôt vivre avec cette photo. Je m'y reconnais totalement. À part que les cheveux sont un peu courts peut-être, ou l'habit un peu ringard... Mais comme c'est le sourire qu'on remarque surtout, ça fonctionne bien.

Deuxièmement, c'est vrai qu'à l'époque, on découvre le direct des radios périphériques : *Europe 1* et *Radio Luxembourg*. Elles retransmettent en direct les manifestations, les négociations avec le recteur. Beaucoup de gens ont l'impression de vivre les événements en temps réel !

Jean Viard. – Tout le monde les écoutait. Nous écoutions le poste toute la journée.

Daniel Cohn-Bendit. – Nous étions en temps réel.

Stéphane Paoli. – Sauf que c'est une première ! On n'a jamais vécu un événement de cette violence – car il s'agit aussi de violence – en temps réel, à la radio, en direct.

Daniel Cohn-Bendit. – Je me rappelle qu'un des journalistes, reporter sportif, faisait la description d'une manifestation comme d'un match de foot : « Et les étudiants avancent ! Et les autres reculent ! Et la balle est au milieu !... Non ! Oui ! » C'était exactement ça !

La troisième chose, ce sont ces phrases écrites sur les murs : « Il est interdit d'interdire », « Jouir sans entraves ». Ce qui est extraordinaire, c'est que beaucoup de révoltés et de manifestants se sont reconnus dans la poésie de ce qui était écrit sur les murs.

Jean Viard. – « Sous les pavés la plage » : c'est quand même magnifique !

Daniel Cohn-Bendit. – « Sous les pavés la plage », « Il est interdit d'interdire », « Jouir sans entraves », « La bourgeoisie n'a qu'un plaisir, c'est de les détruire tous », « À bas la société de consommation », « Je suis marxiste, tendance Groucho », « Soyez réalistes, demandez l'impossible ». Les murs de Paris protégeaient l'anonymat du poète, mais du poète qui parlait à tout le monde et en qui tout le monde se reconnaissait. Ce n'est pas une, ce sont des centaines, peut-être des milliers de personnes qui ont écrit. On ne le saura jamais.

Jean Viard. – Ce n'étaient pas des slogans de prise de pouvoir.

Daniel Cohn-Bendit. – Voilà ! Ce n'était pas « À bas le capitalisme ! », c'était quelque chose d'autre : c'était la vie, notre vie. Tout cela, totalement marqué par le surréalisme et les situationnistes ; c'était une poésie révolutionnaire.

Stéphane Paoli. – Et jouissive.

Daniel Cohn-Bendit. – Jouissive, donc positive. C'est ce qui a marqué les événements, l'occupation de la Sorbonne.

Stéphane Paoli. – Ce qui est fantastique dans cette histoire, c'est que cette révolte jouissive aurait pu très mal tourner, étant une révolte extrêmement violente. Pouvez-vous nous faire un petit portrait de quelqu'un qui a joué un rôle extrêmement important : le préfet Grimaud ? Quelle image aviez-vous de Grimaud ? Quel type de rapports pouviez-vous avoir ? Il était, faut-il le rappeler, préfet de police.

Daniel Cohn-Bendit. – Je n'ai connu Grimaud que plus tard. Je ne l'ai jamais vu en 1968. Grimaud, c'était quelqu'un qui sentait profondément que ce qui se passait là sonnait juste. En même temps, il fallait maintenir un certain ordre. Il a tenté de contenir l'intervention policière dans ce cadre qu'il appelait le « maintien de l'ordre ». Grimaud ne pouvait néanmoins pas faire ce qu'il voulait, et était en permanence relancé par le ministère de l'Intérieur.

Par exemple, au moment de mon interdiction de séjour – la deuxième –, il a vraiment milité pour empêcher cette interdiction en disant : « C'est peut-être aussi grâce à lui qu'on évite la violence ! C'est le plus raisonnable des enragés. C'est grâce à lui qu'il n'y a pas eu de morts ! » C'est grâce à Grimaud qu'il n'y a eu que deux accidents, à Sochaux et à Lyon. Étant donné l'ampleur du mouvement, c'est extraordinaire !

Stéphane Paoli. – La question est sans doute un peu caricaturale, mais est-ce une partie que vous avez jouée ensemble, quand vous dites que vous compreniez son positionnement et qu'apparemment, il avait compris le vôtre ?

Daniel Cohn-Bendit. – Quand je dis : « On va encercler la Sorbonne », je cherche à éviter que l'on réduise ce qui se passe à un affrontement avec la police. L'espace que nous devions conquérir était un espace qui était beaucoup plus large que l'espace réduit de la confrontation avec l'État.

Jean Viard. – Vous étiez plus sur une scénographie que sur une prise de pouvoir.

Daniel Cohn-Bendit. – Oui ! L'enjeu, c'était la prise de la ville, si l'on veut.

Jean Viard. – … La ville symbolique.

Stéphane Paoli. – Oui, la ville symbolique… Mais le matin, quand vous êtes comme nous tous, que vous découvrez les images d'après manifestation, comment réagissez-vous ? Parce que la ville symbolique, elle en a pris un sacré coup, quand même !

Daniel Cohn-Bendit. – Le matin de la première nuit des barricades, à six heures, sur *Europe 1* ou *Radio Luxembourg* – peut-être même les deux ensemble, je ne me souviens plus très bien –, je lance, de ma voix enrouée, un appel à la grève générale. Quatre jours plus tard, c'est la grève générale. Mais dans ce mouvement, je crois qu'il y a également eu un « jeu du hasard ». Au moment de la grande manifestation du 13 mai, nous sommes revenus à la

Sorbonne et ils l'ont rouverte. Je me rappelle des premières négociations, la nuit du 8 mai. Il y a une négociation en direct entre Alain Touraine, qui était prof à Nanterre, Alain Geismar, responsable du syndicat enseignant, et le recteur, par radio interposée, *Radio Luxembourg*. Ils décident alors d'aller voir le recteur. Je les rencontre et Touraine me dit : « Viens avec nous… » Nous arrivons au rectorat et nous commençons à discuter. Je dis tout de suite : « Vous savez, si vous voulez vraiment éviter la violence, ouvrez la Sorbonne. On fait rentrer un groupe de musique et rien ne se passe. Tout le monde fait la fête et voilà. La Sorbonne peut devenir un lieu de fête. » Nous discutons de cela.

À ce moment, Alain Peyrefitte appelle le recteur au téléphone parce qu'on lui a dit que Cohn-Bendit était dans la salle. « C'est vrai qu'il y a Cohn-Bendit ? » Le recteur, lui, n'avait pas remarqué que c'était moi… Il revient, il confirme : « Oui, c'est lui », et la négociation est terminée. Et voilà ! Ce qui est fantastique dans cette histoire, c'est que moi j'avais la solution : ouvrir la Sorbonne, c'était la fête, point final !

Stéphane Paoli. – C'est d'ailleurs ce que le Premier ministre Georges Pompidou décide, à peine rentré de voyage. Il dit qu'il faut rouvrir la Sorbonne.

Daniel Cohn-Bendit. – On a eu besoin de barricades dans la nuit, plus d'une grève générale, plus… Et le soir, la Sorbonne a été rouverte par décision de Pompidou ! Ce qu'il faut également rappeler, c'est que sur les radios officielles, l'ORTF ou à la télévision, nous n'existions pas. Lors de la première grande manifestation de plus d'un million de personnes, la radio de l'ORTF dira qu'il y avait à peine cent mille manifestants. Après s'être finalement rendu compte qu'on ne pouvait pas continuer ainsi, ils nous ont invités, Alain Geismar, Jacques Sauvageot et moi à la télévision. En face de nous, il y avait Jean Ferniot de *France-Soir*, Michel Bassi du *Figaro*, qui rentrait du Cambodge, et le troisième, Pierre Charpy, de *Paris Presse*…

Nous discutons et très vite ils demandent : « Que voulez-vous ? – Nous voulons l'autonomie. » Nous expliquons ce que veulent les étudiants ; la réforme de l'université, la liberté dans la société. Tout de suite, Ferniot se dit : « Oh là là ! Ce n'est pas pour moi. » Et il se tait. Charpy, lui, se remémore *La Guerre des boutons* et se dit : « Si j'aurais su, j'aurais pas venu. » Seul Bassi commence à poser des questions. Il s'enfonce, la discussion se termine. Après la discussion, Pompidou intervient. Or il avait enregistré son discours avant l'émission. Son discours commence : « Vous avez vu : voilà comme sont les enragés ! » Les Français, eux, ont vu trois plus ou moins jeunes hommes – moi très jeune, les autres moins. D'accord ou pas d'accord, ils nous ont trouvés drôles, voire plutôt sympas. Bref, démarche typique du pouvoir de l'époque, Pompidou fait un discours sur les enragés en disant : « Vous avez vu comme ils sont terribles ! » Il ne leur vient même pas à l'esprit que notre passage à la télé puisse interpeller les gens et que nous puissions paraître sensés. La soi-disant réponse à notre intervention est donc enregistrée *avant* notre intervention à l'antenne et constitue, à mon sens, la meilleure démonstration de la situation à l'époque.

Jean Viard. – Il y a quelque chose qui a joué, c'est que les enfants des dignitaires du régime étaient aussi dans la rue. Du coup, il y a eu une dimension intrafamiliale qui a participé à retenir les matraques… Ce n'est pas une lutte de classes. C'est pour cela que j'ai parlé de génération. Ils n'allaient pas faire taper sur leurs propres enfants ! Ils comprenaient donc un peu le mouvement parce qu'ils étaient pères, même s'ils étaient aussi préfet de police ou ministre.

Daniel Cohn-Bendit. – C'est le discours de Giscard à l'Assemblée.

Jean Viard. – Bien sûr ! C'est important parce que c'est la première fois. Cela a certainement joué dans le fait qu'il n'y ait pas eu de morts – bien qu'il y ait eu des accidents à déplorer, ce qui est évidemment tragique.

Par ailleurs, ce qui est surprenant lorsqu'on vous entend, c'est que vous aviez déjà une maturité politique remarquable ! Votre idée qu'on pouvait calmer le jeu en ouvrant la Sorbonne dans une logique festive, style « USA-64 », n'est-elle pas liée à votre vision américaine, allemande, votre vision très culturelle de cette période et de ce mouvement ? Nous, en France, nous n'avions pas cette vision. Nous ne connaissions pas cette musique, ce n'étaient pas nos enjeux. N'est-ce pas là un décalage de votre expérience personnelle qui vous a permis cette ouverture ? Car vous n'étiez pas si mature... : vous n'étiez pas en avance de vingt ans sur votre âge, en termes d'expérience politique.

Daniel Cohn-Bendit. – Non. D'ailleurs, on le voit bien dans certains de mes discours, mes appels aux paysans, aux ouvriers. Ils étaient classiques, ringards...

Jean Viard. – C'est le décalage culturel qui est intéressant.

Daniel Cohn-Bendit. – Mais oui ! D'ailleurs, j'ai été fait par les médias – dans le sens positif du terme.

Jean Viard. – Oui mais il y avait du fond derrière !

Daniel Cohn-Bendit. – Oui mais les médias ont également joué un rôle constructif. Quand ils débarquent à Nanterre, ils connaissent déjà le discours de gauche, celui des gauchistes, des syndicalistes. Tout d'un coup, il y a un type là qui parle, qui les surprend, un type différent. Il dit les choses différemment, il fait des références aux États-Unis.

Je parlais déjà des réformes universitaires en invoquant l'Allemagne… Il était donc logique que les journalistes se disent : « Tiens ! Voilà quelque chose d'autre. » Ils m'interviewaient donc plutôt moi parce que ça les amusait un peu plus, et ainsi je passais plus dans les médias. Comme je passais plus, les gens se disaient : « Tiens, c'est marrant ce qu'il dit ! », « Tiens, il est différent ! », « Tiens, c'est un autre discours ! » C'était une dialectique positive. Les médias me fabriquaient. Moi, ça m'amusait aussi et comme je sentais que ça me faisait avancer, je jouais le jeu. C'est pourquoi, à un moment donné, je suis devenu quelqu'un qui pouvait parler.

J'ai toujours dit que j'étais un « haut-parleur » du mouvement. Je disais les choses que beaucoup ressentaient mais ma force, c'était de les dire avant. Je transmettais aussi, c'est vrai, une culture de la révolte internationale sans pour autant faire de l'internationalisme bête et méchant ! C'était entre la révolte culturelle, la révolte en Allemagne, la révolte aux États-Unis. J'étais le personnage qui pouvait transmettre cela.

Stéphane Paoli. – Il y a aussi un épisode singulier – je ne sais pas si cela relève de la liberté ou d'une forme de culot, encore que les deux puissent se rejoindre assez facilement : vous avez vingt-trois ans – on est encore très jeune à cet âge ! –, vous discutez avec Sartre, vous interpellez Jean-Louis Barrault à l'Odéon ! C'est une scène inouïe ! Le 15 mai, vous arrivez à l'Odéon en disant qu'il faut faire de l'Odéon un instrument de combat. L'Odéon est archi-plein. Barrault est là, il se lève et dit : « Il a raison ! » et annonce à la salle : « Barrault est mort ! »

Daniel Cohn-Bendit. – Ce qui est fantastique dans la rencontre avec Sartre, c'est que c'était une des rares fois où j'étais hyper-nerveux. On me dit : « Tu vas rencontrer Sartre. » J'arrive et je vois un type qui est lui aussi hyper-nerveux mais, en plus, littéralement aux anges ! Il pense que quelque chose est en train de se passer et il veut vraiment comprendre. Il veut savoir. Ce n'est pas le type qui me prend de haut, il est curieux. Il me dit : « Vous êtes formidable, expliquez-moi ! » Quand je lui explique que ce n'est pas une révolution mais une révolte, il me dit : « Ah bon… » Il a d'abord l'air un peu déçu, puis il se met à débattre : c'était fascinant.

Avec Barrault, il y avait eu un antécédent : c'est pour ça qu'en me voyant, il ne pouvait pas mal réagir. Cela s'était passé en 1967 : il jouait *Les Paravents*, de Jean Genet, à l'Odéon. Les militants d'extrême droite d'Occident attaquent l'Odéon. Les ex-Occident comme Madelin, Longuet, Devedjian et d'autres ont sûrement gravé ce fait d'armes de leur jeunesse dans leur mémoire. Nous sommes cent cinquante à défendre le théâtre. Après le retrait des fachos d'opérette, j'entre dans le théâtre où je rencontre Jean-Louis Barrault et Maria Casarès, qui m'a embrassé… – foudroyant ! Gérard Philipe, Maria Casarès, le TNP au palais de Chaillot, *Le Prince de Hambourg*, *Lorenzaccio*, *Le Cid*, bref toute mon enfance ! J'étais donc quelqu'un qu'il avait déjà rencontré dans une situation qui lui avait quand même fait un peu peur, et je les avais « protégés ». Il n'avait pas vraiment apprécié de se faire attaquer pour une pièce de théâtre. Et quand, un an après, je surgis de nouveau à l'Odéon, il se dit : « Mais, qu'est-ce que c'est que ça ? »

Jean Viard. – Ce n'est pas un ennemi…

Daniel Cohn-Bendit. – Ce n'est pas un ennemi, puisque c'est grâce à lui que *Les Paravents* ont pu être joués. Je crois qu'au-delà de tous mes défauts – que je ne nie pas –, ma force est de prendre les autres au sérieux. Raison pour laquelle les autres me prennent également au sérieux, même s'ils ne sont pas de mon avis. Il y a une relation qui s'établit entre nous. C'est la même chose avec les journalistes ou les intellectuels, toutes catégories confondues. C'est très compliqué parce qu'il y a l'instrumentalisation des journalistes et, en même temps, le fait que les journalistes aiment qu'on les prenne au sérieux dans la mesure où ils doivent faire leur boulot. Rares sont les journalistes qui ont vraiment été méchants avec moi. À la première sortie de *Paris Match*, Durieux avait fait un papier très gentil, même s'il n'était pas du tout d'accord. Pour lui, j'étais plutôt un révolutionnaire version tigre en papier, naïf, un peu ridicule mais pas méchant.

La seule fois où j'ai vraiment eu affaire à une journaliste très dure, c'est quand, en 2001, *L'Express* a sorti son papier sur ma soi-disant pédophilie. C'était horrible pour moi parce que la journaliste m'avait appelé en me disant : « Il y a ça... » Je lui dis : « D'accord, on en parle... » Pendant deux heures et demie, je lui ai tout expliqué : « Voilà dans quelle situation j'ai écrit ce texte débile, voilà le contexte de l'époque, voilà ce qu'était la réalité... » Les parents eux-mêmes, choqués par la manœuvre de la journaliste, ont tenu à dire que ce n'était pas vrai, qu'à l'époque ils connaissaient déjà ce texte, en rappelant d'ailleurs que nous en avions discuté. C'était ce goût de la provocation qu'effectivement, il fallait remettre dans son contexte... En nous quittant, je me suis dit qu'elle avait compris. Et elle a fait un article d'une méchanceté incroyable ! Le moins qu'on puisse dire, c'est que ma magie du verbe et du contact n'avait pas fonctionné. Mais c'est un fait rare, très rare ! De manière générale, je crois que ce qui m'a « fait » en partie, c'est ce rapport d'authenticité que j'ai pu avoir, que ce soit avec Barrault, avec Sartre ou avec les journalistes.

Stéphane Paoli. – Comment avez-vous vécu le moment où vous vous faites expulser et où s'organise cette énorme manifestation dans Paris avec le slogan : « Nous sommes tous des juifs allemands ! » ?

Daniel Cohn-Bendit. – Ça a été extraordinaire ! Je n'y étais pas… J'ai vécu deux moments particulièrement forts : mon expulsion et cette manifestation qui reste pour moi le symbole d'une des choses les plus formidables des années 68. Voir des Blancs, des Noirs, des Algériens, des hommes, des femmes… dire : « Nous sommes tous des juifs allemands ! » Je crois que c'est la plus grande manifestation antiraciste et antinationaliste qui ait jamais existé ! C'est : « Nous sommes tous des êtres humains, nous sommes tous ensemble ! » C'était la force de cette manifestation.

Je suis donc expulsé et je reviens discrètement ; j'ai teint mes cheveux ; j'arrive à la Sorbonne et là, on ne me reconnaît pas ! Je me suis fait passer pour un camarade espagnol... Après diverses péripéties, on me laisse monter par-derrière à la tribune. L'amphi est plein et on dit : « Il y a un camarade espagnol qui veut parler. » J'avais les cheveux noirs, des lunettes de soleil, et les gens se demandent qui je suis. J'enlève mes lunettes de soleil et là tout le monde me reconnaît. Je n'ai pas dit un seul mot ! Cc sont les yeux ! Tout le monde m'identifie, c'est le délire ! C'est : « Nous sommes tous des juifs allemands ! » Pour moi, ce moment est absolument extraordinaire. Après ça, je ne peux pas vraiment dire que mon discours est très malin... Mais pour moi, c'était vraiment la démonstration qu'il se passait quelque chose de très important, en profondeur. Ce sera pour moi le début de toute la réflexion sur la multiculturalité, la différence et l'acceptation des différences en tant que facteurs qui unissent. La reconnaissance de la différence peut nous unir et donner une force à la société. Et cela, c'est aussi 68.

Liquider 68 ?

Stéphane Paoli. – Quand Nicolas Sarkozy disait il y a peu : « Il faut liquider Mai 68 », ce qui lui fait peut-être le plus peur, c'est cette contestation de l'autorité et les conséquences que cela a eues…

Daniel Cohn-Bendit. – Sarkozy est un soixante-huitard contrarié ! J'aimerais d'ailleurs discuter de la structure politique de son discours pendant l'élection présidentielle. Je viens de faire un débat avec Henri Guaino qui m'a sorti une série d'arguments contre 68. Le premier argument qu'il me débite, c'est : « Vous voyez, c'est une société sans morale, jouir sans entraves. » C'est lui qui dit ça ! Non, mais franchement ! S'il y en a un qui, aux yeux de tout le monde et en grande pompe veut jouir sans entraves, c'est bien Sarkozy ! Il faut quand même bien comprendre que Sarkozy et ceux qui ont écrit ses discours ont instrumentalisé la peur de 68 d'une partie de la droite. Ils ont vu dans cette peur un vecteur unifiant d'une certaine droite contre la gauche.

Stéphane Paoli. – C'est une reproduction de ce qui s'est passé en 68 ?

Daniel Cohn-Bendit. – J'y viens. Pendant la campagne électorale de 2007, les questions se sont principalement focalisées sur un axe : gauche, droite, centre… N'y avait-il pas une possibilité qu'une partie de la droite – qui s'appelle centre aujourd'hui – passe à gauche ? Poser le problème en des termes « anti-68 » permet alors de rappeler à l'extrême droite – par définition, anti-soixante-huitarde car elle assimile 68 à la destruction de la nation –, à la droite viscéralement anti-soixante-huitarde, à l'UDF profonde – c'est-à-dire la bourgeoisie cléricale, même européenne, giscardienne – que l'horreur absolue, c'est 68.

Et tout ça pour qui ? Évidemment pas pour l'électorat en général. Demandez à un quadragénaire de droite s'il est contre 68, il vous rigole au nez : c'est pas sa tasse de thé. L'analyse de Sarkozy est beaucoup plus intelligente. Il a compris que, jusqu'à la cinquantaine – je dirai même jusqu'à soixante ans –, la France est divisée par moitiés. Et il comprend que pour gagner les élections, il doit viser ceux qui ont plus de soixante ans. Chez les plus de soixante ans, il rassemble tous ceux qui ont fait la vague bleue de 68.

Vague bleue qui se produit quand, après cette révolte et la grève générale, de Gaulle a mis le paquet pour arrêter la machine. Vu que rien n'avait marché jusque-là, de Gaulle a eu cette idée de génie, la dernière carte jouable, de dissoudre l'Assemblée et d'organiser des élections législatives. Qui trouve-t-on alors face à lui ? Nous, c'est-à-dire les gauchistes, éléments moteurs de cette révolte qui scandent : « Élections, piège à con ! » Le seul parti qu'on retrouve en fin de compte face à de Gaulle, c'est le parti communiste. Or, les deux tiers de ceux qui sont en grève ne veulent pas des communistes au pouvoir. C'est donc de Gaulle qui gagne.

Stéphane Paoli. – Les communistes ne veulent pas de vous non plus. Les gauchistes, vous êtes dangereux pour eux : ils ne vous aiment pas.

Daniel Cohn-Bendit. – Oui, on va y arriver. Mais, pour la société française, il est évident qu'on ne peut pas répondre à la question du pouvoir en votant pour la force dominante à gauche, c'est-à-dire en votant communiste. C'est donc la vague bleue qui s'impose. C'est le résultat de la déferlante des Champs-Élysées, où toute la droite s'est mobilisée par centaines de milliers et où Sarkozy a d'ailleurs manifesté alors qu'il avait quinze ou seize ans. Il est donc issu de cette histoire-là, de cette réaction d'une certaine France qui mobilise par son discours pour faire la différence. Une manifestation où, soit dit en passant, on a pu entendre « Cohn-Bendit à Dachau ! », ce qui n'est pas franchement plus malin que « CRS, SS » !

Jean Viard. – Je crois qu'ils mobilisent aussi une certaine gauche. Parce que 1968, ce n'est pas la gauche contre la droite. Il y a une partie de la gauche qui est aussi dérangée par 68 qu'une partie de la droite.

Daniel Cohn-Bendit. – Oui, mais ça, c'est historiquement fini. Du moins je crois. J'ai revu l'ancien secrétaire général de la CGT, Georges Séguy, et pas mal de communistes qui, aujourd'hui, ont le sentiment d'avoir eu tort et d'avoir dit des conneries sur nous, en particulier sur moi. Enfin, ils reconnaissaient que l'éditorial de *L'Humanité* contre « l'anarchiste allemand » rédigé à l'époque par Georges Marchais était non seulement une erreur, mais en plus une infamie. Cette période est révolue. Disons que, aujourd'hui, la gauche a une vision positive de ces événements, notamment grâce à la seconde phase de Mai 68, à savoir la phase ouvrière.

Jean Viard. – Mais il n'y a pas eu d'importants acteurs de 68 dans la vie politique depuis. Parmi les gens de gauche en France, il n'en existe plus qui se revendiquent de 68, sauf quelques trotskistes plus ou moins recyclés. Quand on écoute les leaders de la gauche actuelle, ils n'étaient « pas là », ils étaient « trop petits », ils étaient… Mais jamais complètement soixante-huitards. Il n'y a pas eu fusion entre les deux mouvements, la gauche et la culture 68 : juste un rapprochement.

Daniel Cohn-Bendit. – Il y a eu un rapprochement, mais il est vrai que rares sont les personnalités de gauche que l'on identifie positivement à 68. On appréhende positivement une effervescence populaire, une envie de s'émanciper d'un carcan et de mener une vie autonome... On généralise donc l'explication mais on ne l'identifie pas à des personnes.

Stéphane Paoli. – Si on essaie de voir la conséquence de tout cela, et si on considère que ce qui reste de l'après-guerre dans les années 1960, c'est d'abord le gaullisme et le communisme ; il faut dire que ce sont les deux perdants de 68. Mai 68 n'a-t-il pas été l'entrée de la France dans ce qu'on appelle aujourd'hui, pour faire court, la modernité ?

Daniel Cohn-Bendit. – Il faut que je vous corrige sur une chose. Ce sont, à moyen terme, les deux perdants, mais à court terme, les deux gagnants. Après 68, de Gaulle crée quand même une vague bleue incroyable. Et c'est en 1969 que Duclos fait le meilleur score que le parti communiste ait jamais fait à une élection présidentielle.

Jean Viard. – Oui, mais les idées sont perdues même si tactiquement, il gagnera encore une fois. Aussi la question reste tout de même 68. C'est, en quelque sorte, la fin des grandes idéologies collectives : c'est cela que représentaient le communisme et le gaullisme.

Daniel Cohn-Bendit. – Il est vrai que, d'un côté, 68 sonne le glas du gaullisme qui correspondait à une conception étatiste de l'organisation de la société, une conception autoritaire et hiérarchique du fonctionnement de la société, de la morale et de la vie privée.

D'un autre côté, ce qui est vraiment drôle, c'est que sans ces mouvements d'émancipation des années 1960 – et donc sans 1968 – quelqu'un comme Sarkozy n'aurait jamais pu être élu président de la République ! Il nous fait rire avec ses discours. Il a des enfants de lits différents, il a une famille recomposée. Deux mariages, plus des enfants. Maintenant, un troisième mariage, avec peut-être d'autres enfants... Cela fera des enfants dans une famille de quatre lits différents. À côté de lui, j'ai l'air d'un vrai conservateur ! Un simple petit-bourgeois qui n'a qu'un enfant avec sa femme, et un autre qu'elle a eu lors de sa relation précédente. Nous sommes une famille recomposée, mais comparés à un Sarkozy à l'Élysée, nous sommes des enfants de chœur ! Avec Sarko, de Gaulle et son épouse doivent se retourner dans leur tombe ! Cela ne pose pourtant aucun problème à la France. On aime ou on n'aime pas cette société du show, ce spectacle de la vie privée, mais il n'empêche que cela n'a eu aucune incidence sur le vote.

Certes, la mise en scène de la vie privée du président finit par agacer et commence même à en lasser plus d'un. Du « Je n'aime que Cécilia » du 14 juillet sur le perron de l'Élysée au mariage avec Carla à l'Élysée, on a l'impression d'avoir affaire à un ado incapable de gérer son affect.

Il faut bien comprendre qu'en 1968, c'est précisément la conception État-société-morale passéiste qui a volé en éclats. Dans le cas de la France, une seconde conception a également volé en éclats : la France d'après 1945 avait très rapidement accepté un double pouvoir. Un pouvoir gaulliste, de droite. Et une gestion de la classe ouvrière par le parti communiste. Cette double nature du pouvoir est caractéristique de la

France et c'est ce que j'appelle le pouvoir gaullo-communiste. EDF symbolise à la perfection cette émanation hybride de la société française d'une cogestion gaullo-communiste. Et ce sont justement cette cogestion, cet enfermement dans l'idéologie, qui sont mis à mal, interpellés politiquement, par la révolte de 68.

Stéphane Paoli. – Ce carcan gaullo-communiste, qui est tellement fort, tellement structuré, tellement structurant, explique-t-il le fait que 68 ne soit resté qu'une révolte, alors que cela aurait pu être une révolution ? Et vous-même, vous décrivez ce moment-là en disant que le 25 mai, si vous aviez marché sur l'Assemblée ou sur les ministères qui étaient vides, le gaullisme serait tombé. Ce jour-là aurait pu devenir une révolution. Pourquoi ne l'avez-vous pas fait ?

Daniel Cohn-Bendit. – Si l'on reprend mon entretien avec Sartre publié dans le *Nouvel Observateur*, je dis clairement que ce n'est pas une révolution mais une révolte. C'est cela qu'il faut comprendre, et c'est là que réside aussi la difficulté. Début 67, ça explose dans les universités, une grève est déclenchée. Quand, à Nanterre, plusieurs milliers d'étudiants se mettent en grève, c'est pour revendiquer la réforme des universités.

Jean Viard. – L'histoire a retenu que c'était pour pouvoir accéder aux chambres des jeunes filles de Nanterre…

Daniel Cohn-Bendit. – Ça, c'est parce que l'histoire aime les trous de serrure ! Elle scrute ce qui scintille de « croustillant » à l'horizon pour immédiatement simplifier. À ce propos, deux événements sont montés en épingle (de temps en temps, l'historiographie aime raconter l'histoire à travers de petites histoires). Le premier, c'est l'histoire de la piscine : le ministre de la Jeunesse et des Sports de l'époque, François Missoffe, veut ouvrir une piscine à Nanterre. Il avait rédigé un livre blanc sur la jeunesse dans lequel il ne parlait pas de la sexualité. Nous décidons de l'interpeller. Je lui demande s'il a du feu, et je lui dis : « Qu'est-ce que c'est que cette piscine ? Parce que quand même, le problème de la jeunesse aujourd'hui, c'est la sexualité ! » Il me répond :

« Si vous avez des problèmes, allez plonger dans la piscine pour vous calmer ! » Et moi, je lui dis : « Ça, c'est tout à fait hitlérien. »

Pas très éclairé comme réflexion, mais cela a fini par défrayer la chronique parce que des flics se sont sentis obligés de demander mon expulsion. Après les interventions auprès de Missoffe de sa propre fille, à l'époque étudiante à Nanterre, et aujourd'hui Mme de Panafieu, ils ont finalement retiré la demande d'expulsion. Puis il y a eu l'histoire de la cité U. Dans les bâtiments universitaires où résidaient les étudiants – et ça, c'était symbolique de l'époque –, à partir d'une certaine heure, les uns et les unes n'avaient plus le droit de se rencontrer. Inimaginable ! Vous arrivez à concevoir une cité universitaire où on dirait : « Les jeunes hommes n'ont pas le droit d'aller voir les jeunes filles » ? Aujourd'hui, même quand les bâtiments sont distincts, les contacts ne sont pas interdits. C'était un monde puritain incroyable ! Une conception puritaine de la vie, une morale autoritaire… Bref, même si ces mesures de « ségrégation » ont provoqué des contestations à Nanterre, la révolte visait avant tout la morale ambiante.

Stéphane Paoli. – On était sur révolte et révolution, à travers l'entretien avec Sartre…

Daniel Cohn-Bendit. – Ce qu'il faut saisir en fait, c'est le caractère surréaliste de ce mouvement porté par une masse de jeunes gens qui partent dans l'idée de conquérir leur propre vie. « Nous voulons vivre comme nous le concevons. » Contre cette société qu'ils jugent autoritaire et hétéronome, ils veulent enfin devenir maîtres de leur vie. Il ne faut cependant pas oublier le contexte de l'époque. Cette société a quand même trois avantages : elle ne connaît ni le chômage, ni le sida, ni la crise environnementale et les problèmes de CO_2. C'est la dernière révolte qui ne parle pas de la dégradation climatique.

Jean Viard. – Il y avait quand même la guerre du Viêt-nam, il y avait le totalitarisme soviétique : tout n'était pas rose.

Daniel Cohn-Bendit. – Évidemment ! D'un côté, on avait la guerre du Viêt-nam qui mobilisait parce que c'était le symbole de la société capitaliste qui opprimait le peuple vietnamien et, de l'autre côté, on avait le totalitarisme soviétique. Mais même si ça peut paraître compliqué, 68 ne part pas de là. Le mouvement émerge comme un mouvement, je ne dirais pas de vie privée, mais en tout cas comme un mouvement qui veut d'abord mettre en avant l'autonomie et les choix de vie des individus.

Jean Viard. – Le pouvoir sur soi, en fait. C'est pour cela qu'il n'y a pas de prise de pouvoir politique…

Daniel Cohn-Bendit. – Exactement. Même si, d'un autre côté, vous avez des groupuscules, des minorités agissantes qui sont très politiques. Ce qui surgit en 68, c'est un mouvement extraordinaire pour la liberté, la liberté des Vietnamiens certes, mais aussi la liberté de chacun. Là où l'aberration commence, c'est quand les groupuscules cherchent à répondre à la question du type de société propice à l'actualisation de cette liberté. Dans la gamme des propositions politiques, on a la révolution culturelle chinoise, et tant pis pour les millions de Chinois qui ont disparu ! Les élucubrations des trotskistes, et on ne va pas s'embêter avec les massacres au nom du léninisme, du trotskisme, du stalinisme *and co* ! D'autres partent à la défense du Viêt-nam du Nord sans être trop regardant sur le stalinisme de Hô Chi Minh. D'autres encore défendent le régime de Cuba sans sourciller sur la question des libertés. Bref, ces groupuscules ont une conception politique révolutionnaire de la révolte qui les amène à des propositions de sociétés abominables.

Et puis, vous avez les libertaires comme nous, bien sympathiques mais dont le programme politique se résume à 1936 ou 1917. 1936, c'est l'autogestion en Catalogne ; 1917, c'est la révolution russe. Pour les conseils ouvriers, la référence était ceux de 1956 à Budapest. Autrement dit, c'est l'histoire revue à l'envers, de la pure identification avec les perdants des révolutions d'antan. Donc, le début des années 68 est en réalité, et avant tout, une révolte pour la vie quotidienne, la musique, le rapport entre les hommes et les femmes, la vie, la sexualité, la libération. C'est cela qui fait 68…

Stéphane Paoli. – Ces manifestations passent devant des ministères vides, cela n'intéresse personne. C'est étonnant.

Daniel Cohn-Bendit. – Non, parce que contrairement aux révolutionnaires qui veulent le pouvoir politique, les révoltés de 1968, eux, veulent le pouvoir sur leur propre vie. Les ministères, ils n'en ont rien à faire. Quand les révolutionnaires ont tenté de brûler la Bourse, cela n'a intéressé personne.

Stéphane Paoli. – Arrêtons-nous un instant parce que c'est quand même extraordinaire ! Vous avez interpellé ce qui vous oppressait, c'est-à-dire ce gaullisme autoritaire avec la censure à la radio, à la télévision. Et là, devant vous, les ministères sont vides et vous n'entrez pas !

Daniel Cohn-Bendit. – Qu'est-ce que vous voulez en faire ?

Stéphane Paoli. – Alors que vous prenez la télé comme la radio en une demi-heure !

Daniel Cohn-Bendit. – La seule chose qu'on rêvait de prendre, c'était la radio, pour continuer de communiquer, de parler aux gens et de se parler. Même à l'ORTF, certains journalistes, à travers leur action, rêvaient d'une radio et d'une télé libres et indépendantes. Demandez à Michel Drucker, à Thierry Roland et à tous ceux qui faisaient partie du comité d'action de l'ORTF. Les grandes plumes et les voix des médias télévisés ou radio de l'avenir proviendront souvent de ce milieu-là.

Seuls les gauchistes disaient : « On va prendre le ministère des Finances. » Mais le discours des gens, c'était : « Non, on va aller au quartier Latin, on va prendre la Sorbonne ; on veut discuter, on veut prendre la rue, on veut vivre ensemble autrement et on veut une autre société. » Et l'autre vie, l'autre société, ça ne se fait évidemment pas dans les ministères.

Par contre, du côté du pouvoir politique gaulliste, l'image de la révolte est associée aux mythes des révolutions antérieures. Pour eux, nous voulons prendre le pouvoir. De Gaulle va à Baden-Baden pour s'assurer que l'armée tiendra et que Massu est prêt à débarquer avec ses troupes. Le général Morillon, député européen, m'a raconté qu'il était en caserne en Lorraine et qu'ils avaient reçu l'ordre de monter sur Paris. Ils sont donc sortis de leur caserne, ont fait quinze kilomètres, puis on les a rappelés pour qu'ils y retournent. Le pouvoir avait en tête la mythologie bolchevique. Comme d'ailleurs les bolcheviks, maoïstes, trotskistes, révolutionnaires, et même les libertaires, qui fonctionnaient dans cette mythologie de la nécessité de la prise de pouvoir. C'est donc à contre-pied de ces mythologies que je dis à Sartre qu'il ne s'agit pas d'une révolution mais d'une révolte. C'est quelque chose de tout à fait nouveau : « C'est une rupture, y compris avec les idées antécédentes de révolution. »

Stéphane Paoli. – Et c'est là qu'est né 68.

Daniel Cohn-Bendit. – C'est là qu'est né 68. Et c'est pour cela que dans la deuxième phase de Mai 68, la révolte ouvrière déclenchée par des jeunes a été imposée d'en bas, par la base, par des manifestations d'ouvriers contre les syndicats et les organisations. Le mouvement partait de l'individu pour remonter vers la société. Voilà pourquoi tout le monde reconnaît l'importance de Mai 68, et trouve que des choses extraordinaires s'y sont passées.

Je me souviens du 8 mai, cette fameuse « nuit des barricades », et de cette grande manifestation. Tous disaient qu'il fallait reprendre la Sorbonne occupée par la police. Avec trente ou quarante manifestants tout au plus, j'ai alors lancé : « Personne ne va prendre la Sorbonne. » Au contraire, j'ai proposé l'idée suivante : « On va encercler la Sorbonne. On va encercler les flics dans la Sorbonne et leur dire qu'ils n'en sortiront que quand nous, nous pourrons y rentrer. » Et c'est comme ça que se sont créées des barricades complètement absurdes. Pourquoi des barricades ? Parce qu'on encerclait la Sorbonne.

C'est la réaction de la police qui a fait basculer cet épisode dans la violence. *L'Humanité*, quant à elle, avait titré sa une : « Les casseurs mettent Paris à feu et à sang ». Les attaques contre nous étaient très dures, et les premiers numéros déjà imprimés. Dans la nuit, les cellules du PC se sont mobilisées pour nous défendre en disant qu'il ne fallait pas abandonner les jeunes.

L'Humanité a fini par retirer sa version initiale pour éditer un nouveau numéro dans lequel ils se solidarisaient avec nous, et cela a abouti à la grande manifestation du 13 mai. La société s'est ainsi sentie profondément interpellée.

Et quand la grève a démarré, elle n'a pas démarré par une décision syndicale, mais usine par usine. Ce qui nous a échappé néanmoins, c'est que les ouvriers ont défini leur révolte en fonction de leur propre vie quotidienne, et il va sans dire qu'elle ne ressemblait en rien à la nôtre. Tout ceci a en fin de compte débouché sur les accords de Grenelle. (Et c'est pour le moins une sacrée ironie de l'histoire d'entendre Nicolas Sarkozy nous faire un discours anti-1968 tout en utilisant le terme « Grenelle » à longueur de journée ! Il fait donc de la récup. Mais ça, c'est sans doute « le bon 68 », me direz-vous...)

Stéphane Paoli. – On cite toujours Grenelle comme le « bon 68 » ; mais Grenelle, du point de vue du contenu, même pour la CGT, est quand même un échec terrible.

Daniel Cohn-Bendit. – Oui et non. Cela représente quand même 37 % d'augmentation salariale…

Jean Viard. – C'est le rattrapage du salaire ouvrier qui n'avait pas augmenté depuis vingt ans.

Stéphane Paoli. – Il est vrai aussi que Séguy se fait envoyer dans le mur comme cela ne lui est jamais arrivé.

Daniel Cohn-Bendit. – Oui, mais il faut voir les deux facettes des événements, car même si on est de facto dans une effervescence révolutionnaire animée par un désir de changement profond dans nos propres vies, cela reste difficilement palpable. C'est vrai qu'au moment de la grève générale, tout le monde rêvait que de Gaulle s'en aille. Comme nous le savons tous, cela ne s'est pas produit. Si on reprend l'analyse à froid, il y a quand même ces 37 % d'augmentation de salaire, et le début de la section syndicale dans les entreprises qui n'existait pas avant. C'est donc l'organisation de la démocratie syndicale qui se met en place à cette époque.

Il n'est donc pas abusif de dire qu'en 1968, des avancées extraordinaires se sont produites. 68, c'est le symbole d'une révolte ou d'un mouvement puissant qui se termine, somme toute, par des avancées. En pleine effervescence révolutionnaire, on a effectivement des leaders syndicaux qui se font siffler car, pour certains, reprendre le travail à l'usine apparaît comme un échec. Mais, après coup et à froid, on peut dire que les accords de Grenelle sont une victoire pour les grévistes.

Jean Viard. – Il y a deux choses. Il y a, d'une part, un énorme mouvement quasiment auto-organisé d'éducation populaire, ces AG, ces discussions qui ouvrent au futur. Et il y a, d'autre part, le passage du relais, la dernière grande lutte ouvrière, pourrait-on dire.

Daniel Cohn-Bendit. – Pas la dernière grande lutte ouvrière, mais sans doute la dernière grande grève générale. Et si aujourd'hui on s'arrête sur la phraséologie de Besancenot, de la Ligue ou même des communistes en général, on constate que leur rêve est quand même de rejouer la même partition. C'est clair quand Alain Krivine nous dit : « Il est temps de faire un 68 qui réussisse. » Il entend par là une grève générale suivie d'une prise du pouvoir.

Stéphane Paoli. – Est-ce que cela signifie que les ouvriers pensaient plus à la révolution, alors que vous, vous étiez sur la révolte ? Y a-t-il eu un décalage entre eux et vous sur les intentions et les projets ?

Daniel Cohn-Bendit. – Pas du tout. Les ouvriers ne pensaient pas à la révolution, même si seulement une partie des revendications ont fini par être acceptées dans la négociation. Mais c'est vrai qu'à partir du moment où vous vivez une grève générale, vous vous sentez tout-puissant. Par conséquent, vous croyez que vous pouvez toujours aller plus loin. En même temps, seule une minorité de ceux qui ont fait 68 rêvait d'une révolution. Rappelons aussi que les rapports entre les responsables syndicaux et le mouvement étaient loin d'être évidents, dans la mesure où il n'existait pas de culture du dialogue politique entre la base, la masse des ouvriers et les syndicats.

On a souvent tendance à oublier la forme très autoritaire d'organisation des syndicats de l'époque. C'est donc à partir de 68 qu'on arrive à l'autonomisation des ouvriers par rapport à leurs organisations. C'est là que ça s'est joué, de façon hésitante et sans qu'on le remarque tout de suite. Mais aucun ouvrier, si ce n'est une minorité, ne pensait réellement à la prise de pouvoir. Je crois que 68, c'est la fin du mythe révolutionnaire, la fin de la révolution et le début des mouvements de libération qui continueront dans les années 1970, 1980, jusqu'à aujourd'hui.

Si l'on tient à trouver une faille dans 68, elle est à chercher du côté de son rapport au pouvoir. Que veut dire une prise de pouvoir ? Pourquoi des gens comme moi n'ont-ils compris que lentement et difficilement leur erreur ? Là où 68 s'est effectivement trompé, c'est dans le mot d'ordre : « Élections, piège à cons ! » Je crois qu'à l'époque, nous ne pouvions pas faire autrement. Nous étions enfermés dans le mythe d'un système politique post-démocratique. Moi-même, je me laissais bercer par le rêve d'une société s'émancipant de l'aliénation capitaliste pour vivre en pleine liberté sa propre autonomie.

Une société s'organisant à travers des conseils ouvriers, paysans, étudiants, consommateurs, qui auraient esquissé cette nouvelle société s'instituant sur la base de l'autogestion.

Mais quelle erreur de ne pas comprendre qu'après la révolution russe, après les totalitarismes, l'idée d'une prise de pouvoir sans la constitution d'un espace démocratique, sans en passer par le processus démocratique, électif et parlementaire, est synonyme de totalitarisme ! Quelle erreur de penser qu'une grève générale pourrait être suivie d'une prise de pouvoir ! D'ailleurs, ça voudrait dire quoi ? Qu'on renvoie les parlementaires à la maison ? Mais d'où tirerait-on la légitimité, et comment ? De quoi parle-t-on ? D'une crise telle qu'on aurait armée contre armée, violence contre violence ? C'est de la folie pure ! En tout cas, même si des révoltes sociales subsistent aujourd'hui de façon plus ou moins intense, voire violente, l'espace de décision reste et restera dorénavant l'espace démocratique.

Stéphane Paoli. – Quarante ans après, il est intéressant d'insister sur l'exceptionnel aspect de ce mouvement : entre neuf millions et onze millions de grévistes ! Depuis 1936, on n'avait jamais vu ça. Quand Rosa Luxembourg écrit ses textes sur la grève de masse, elle pense à cent mille, cent cinquante mille grévistes. Ce qui ce passe dans ce pays est extraordinaire : toutes les universités concernées, les usines, les administrations... Et pourtant, le choix qui est fait par les uns et par les autres est un choix culturel, un choix de société plutôt qu'une révolution politique.

Daniel Cohn-Bendit. – Même si ce choix est plus politique qu'on ne le croit. Mais il n'est pas politique au sens révolutionnaire, ni dans un sens conforme à la conception politique des années 1920, 1930, voire de la fin des années 1950. C'est en cela que le phénomène est absolument intéressant et qu'il ne manque pas d'apparaître contradictoire. Il faut comprendre que Mai 68 fut une force immense d'innovation dans la mesure où une mise à plat du mythe révolutionnaire s'est enfin produite. Les groupes autoritaires, gauchistes, à l'idéologie totalitaire, étaient relativement nombreux. Mais ce qui se passait dans les rues était en contradiction totale avec cette surdétermination idéologique des maoïstes, trotskistes et même de la nôtre, les libertaires. Des confrontations incroyables ont eu lieu. Je me rappelle de celle, particulièrement dure, que j'ai eue avec Aragon au début de 1968 et où je lui ai dit : « Mais, Aragon, tu es l'homme de la Gépéou (GPU). Arrête de nous raconter des histoires ! »

Pour la société française, 1968 sonnera le glas de la légitimité accordée au totalitarisme communiste. Qu'elle soit marxiste, trotskiste, léniniste ou autre, la conception révolutionnaire demeure une conception totalitaire de l'évolution de la société ! Avec 1968, elle apparaît enfin au cœur du débat. C'est flagrant aussi bien dans les usines que dans n'importe quelle assemblée. Raison pour laquelle il n'est pas question de « politique », au sens traditionnel du terme. Un nouvel imaginaire politique apparaît pour prolonger ce mouvement mais dans un sens non totalitaire.

Jean Viard. – C'est le moment où l'on accepte l'espace démocratique comme cadre universel.

Daniel Cohn-Bendit. – Où il s'impose à notre insu.

Jean Viard. – Il s'impose à notre insu mais ce n'est pas notre objectif. N'y a-t-il pas aussi le retour des générations dans la sphère publique ? Depuis 1789, les générations n'étaient plus des acteurs, les classes avaient pris le relais. Dans les sociétés anciennes, un roi de seize ans n'avait pas le même poids que quand il en avait soixante. Ce retour des générations dans la sphère publique est un des éléments forts de 68.

Daniel Cohn-Bendit. – J'hésite toujours sur les histoires de générations. Qu'une évolution et une prise de conscience se soient produites entre la génération de la guerre, celle de l'après-guerre et toutes les autres, est évident. Mais je suis plus réticent à l'égard de positions qui accordent systématiquement une valeur positive à la jeunesse. Comme si par définition, et quasi génétiquement, la jeunesse portait en elle la vérité.

Jean Viard. – Ah non, ils peuvent être obtus !

Daniel Cohn-Bendit. – Pas seulement : le pouvoir nazi en Allemagne a commencé dans les universités. Ce sont des étudiants qui ont vidé les profs juifs allemands. L'université n'est pas en soi le lieu qui progresse vers le bien dans le monde et dans la société. Je me méfie d'un positionnement simpliste : « Parce qu'ils sont jeunes, ils ont raison. »

Stéphane Paoli. – Mais sur l'aspect générationnel, vous évoquiez tout à l'heure l'anecdote de vos cheveux : votre génération n'avait-elle pas une lecture de la politique et du pouvoir telle que précisément ce pouvoir-là ne l'intéressait plus ? Vous n'avez pas abouti à ce qui aurait pu, en effet, être une révolution si la question du pouvoir s'était posée différemment.

Daniel Cohn-Bendit. – Ce que j'ai essayé d'expliquer tout à l'heure, c'est que les minorités politiques agissantes étaient complètement imprégnées d'une conception passéiste de la prise de pouvoir. Cela n'intéressait pas la majorité des gens qui étaient dans la rue. Certes, ils aimaient la phraséologie révolutionnaire ; mais ce qui importait, c'était de savoir comment élaborer ensemble une nouvelle société. Les lieux n'étaient autres que la rue, l'amphithéâtre, les salles de réunion... : ensemble, nous prenions le temps de voir comment fonctionner demain ou après-demain.

Jean Viard. – Oui, ce n'est pas vraiment une nouvelle société, mais une nouvelle façon de vivre.

Daniel Cohn-Bendit. – Oui. Nouvelle société, nouvelle façon de vivre. Nous essayions : mais nous avons rencontré les limites de l'exercice, puisque cela a duré un mois...

Stéphane Paoli. – Un mois et quarante ans.

Daniel Cohn-Bendit. – Et c'est pour cela que, depuis, certaines choses ont avancé. Contre la vision totalitaire du parti unique et la prise de pouvoir, s'érigeait cette position des conseils ouvriers généralisés, de l'autogestion généralisée. C'était un peu l'utopie de masse. Lentement mais sûrement, on a pourtant fini par comprendre qu'il fallait investir l'espace politique traditionnel, le changer et le transformer. Mais cela a pris une vingtaine d'années.

Jean Viard. – Il y a un élément important, c'est la nouvelle force de l'individu face au collectif. 68, c'est le moment où le primat de l'individu s'affirme dans l'espace public. La grande rupture est là.

Daniel Cohn-Bendit. – Elle est là : c'est la grande critique de Guaino et de Sarkozy. Pour eux, elle signifie l'émergence de l'égoïsme et de l'individualisme.

Jean Viard. – Ils l'acceptent pour la sphère privée, c'est ce que vous avez dit tout à l'heure. Mais pour ce qui concerne l'espace public et le rapport à la politique et au travail, ils la refusent.

Daniel Cohn-Bendit. – Reste à savoir si l'irruption de l'individu, de sa liberté, de son autonomie est synonyme d'égoïsme ? Quarante ans plus tard, Sarkozy voudrait nous cantonner à la logique néolibérale : les « parachutes dorés », l'égoïsme, Lagardère, c'est nous. Les patrons qui s'en mettent plein les poches, c'est nous! D'ailleurs Guaino m'a dit: « Les soixante-huitards ont tous les pouvoirs dans la société. » C'est incroyable! Comme si aujourd'hui, les « soixante-huitards » avaient tous les pouvoirs et faisaient la pluie et le beau temps en France ! Tout simplement aberrant !

Jean Viard. – Il y a d'autres discours sur d'autres lobbies dans d'autres milieux...

Daniel Cohn-Bendit. – Oui, cela ressemble au discours sur le lobby juif... Mais passons. Disons que derrière tout cela, un vrai débat mérite d'être mené pour comprendre comment – et pour beaucoup d'entre nous, cela reste une question – allier liberté, autonomie individuelle et responsabilité collective. C'est l'enjeu de l'organisation de nos sociétés, et des débats politiques aujourd'hui.

Jean Viard. – Mais tout cela a pris du temps. 68 n'a pas duré qu'un mois. Cela a commencé avant, y compris avec la guerre d'Algérie et celle du Viêt-nam, et cela a occupé toute la décennie

1970. On peut dire que la construction culturelle du mouvement, d'une certaine façon, a pris quinze ans.

Daniel Cohn-Bendit. – Oui, et 68 en est le début. Dans cette conception de l'individu vient notamment « s'engouffrer » le mouvement des femmes. Il y a une histoire du féminisme : le mouvement des femmes est une révolte aussi bien contre la société que contre les gauchistes – contre le machisme gauchiste –, contre certains éléments de l'idéologie du mouvement. C'est à partir de là que les femmes revendiquent leur autonomie. D'une certaine façon, l'aboutissement symbolique de cette émancipation des femmes, c'est Cécilia. Ségolène aussi, mais Cécilia, c'est le summum : une femme de président de la République qui dit : « Ma vie, ce n'est pas l'Élysée. » Anne-Aymone, elle, se soumet alors qu'elle était séparée ; Danielle Mitterrand, pareil ; Bernadette, elle se soumet et subit. C'est l'image qui compte avant tout ! Alors que Cécilia est la première à dire : « On vit en 2007 : il y a eu quarante ans d'émancipation, et maintenant ça suffit ! »

Jean Viard. – Si je comprends bien, la droite porte mieux les valeurs de 68 que la gauche…

Daniel Cohn-Bendit. – Non, n'exagérons pas ! Mais la droite est complètement imprégnée des valeurs issues de l'évolution de la société dans la sphère privée. Ceci est également vrai pour Ségolène. La preuve, c'est qu'elle a suivi un certain type de trajectoire et se retrouve dans la situation de beaucoup de femmes qui ont voulu, et qui veulent, garder leur indépendance même si elles ont plusieurs enfants.

Stéphane Paoli. – On parle souvent de l'internationalisme révolutionnaire ; mais oublions l'aspect révolutionnaire pour rester sur la révolte. En quoi la musique, le rock'n'roll, Jim Morrison et ce qu'il chantait à ce moment-là, notamment sur le Viêt-nam, en quoi ces courants profonds ont-ils influencé ce mouvement-là ?

Daniel Cohn-Bendit. – La révolte, la rupture culturelle ont eu beaucoup plus d'influence à l'étranger qu'en France. Moi, j'étais franco-allemand, allemand-français ; je venais de passer mon bac en Allemagne, et j'étais très influencé par la contre-culture américaine. J'étais allé en 1964 aux États-Unis pour participer au festival de jazz de Newport où explosaient cette effervescence, ce renouvellement culturel.

J'ai assisté à un concert de Joan Baez qui était une des égéries de la révolte pacifiste. Elle chantait à Forest Hills, stade de tennis de l'époque et supplanté par la suite par Flushing Meadows. Je m'y rends avec un ami. Elle commence à chanter une dizaine de minutes et tout d'un coup elle dit: « C'est très ennuyeux de chanter seule, alors j'ai demandé à un copain de venir. » Dix mille personnes se lèvent, enthousiastes. Je demande alors à mon ami : « Qu'est-ce qui se passe ? » Il me dit : « Tu vas voir. » Arrive alors un petit mec avec sa guitare, qui chante un peu du nez : c'est Bob Dylan. Pendant deux heures, ils chantent ensemble. C'est à la fois touchant et enthousiasmant, toutes ces chansons de révolte, de contestation de l'Amérique ! Tout cela est parfaitement inconnu en France. Vous demandez qui est Bob Dylan, personne n'en sait rien avant que Hugues Aufray n'introduise ses chansons en France... Moi, j'étais complètement

Rolling Stones, beaucoup plus que Beatles. Pour moi, la révolte, ce sont les Stones. Les Beatles, c'est gentil, c'est pour les filles et les fils à papa. Bien sûr, ils ont de très belles chansons. Mais il y a toute cette nouvelle musique, Jim Morrison, cette révolte qui s'articule autour de la musique.

Stéphane Paoli. – Avec le pouvoir *now*, le pouvoir « maintenant » que chante Jim Morrison.

Daniel Cohn-Bendit. – Mais le pouvoir *now*, c'est une forme d'expression américaine. On veut le pouvoir *now* pour arrêter la guerre. Ce n'est pas pour prendre le pouvoir. Si vous reprenez *Woodstock*, ce film extraordinaire monté par Scorsese qui avait d'abord refusé de le réaliser, il vous permet de revivre la beauté du « Flower power » californien avec une dose de « Peace, sex, drug and rock'n'roll ». Son montage est génial, d'une modernité incroyable ! Dans ce film, la revendication majeure de ceux qui chantent et de ceux qui sont là consiste à dire : « Nous sommes une autre société, un autre monde. » Ce film nous montre donc la fameuse « *Woodstock Nation* » comme l'a surnommée Abbie Hoffmann, un des leaders de ce mouvement. C'est pour cela que le chef de la police est complètement désarçonné. Il s'attend à voir des rebelles déchaînés et au lieu de cela, il voit des enfants en train de rêver un monde meilleur. On lui avait dit qu'il y aurait des morts et des bagarres. Or, c'est tout le contraire qui se déroule devant ses yeux ; et, pour la première fois, il comprends ce qui se passe.

Le rêve d'une autre vie, d'une autre société

Daniel Cohn-Bendit. – C'est cela la force de ce contre-mouvement, qui donne en Allemagne – société beaucoup plus bloquée – ce mouvement des communautés, de sortie de la famille. Le mouvement allemand a une particularité dont il faut parler. En analysant la spécificité française, on a abordé le débat générationnel. La force du débat allemand est d'avoir questionné la génération responsable du nazisme, les parents en somme. Ce n'est pas facile d'être devant son père ou sa mère et de leur demander de rendre des comptes. Ce n'est évidemment pas mon cas puisque je suis fils d'émigrés allemands : mon père était avocat politique, mes parents ont été persécutés en tant que juifs. Mais j'ai vu les débats qui se sont produits dans les familles allemandes : demander à son père, à sa mère, à son grand-père, à sa grand-mère : « Qu'est-ce que tu as fait toi ? » Ce type de débat sur la collaboration ne s'est pas produit en France, qui vit le mythe d'une nation de la Résistance. La société française, avec de Gaulle, ne montre pas la réalité de l'histoire de France. Il a fallu attendre 1989 pour montrer *Le Chagrin et la Pitié* à la télévision !

Aussi, je porte beaucoup de respect à ce mouvement en Allemagne. Parce que c'est un travail sur la mémoire qui n'a rien d'abstrait. Il ne s'agit pas de poser la question à la société, mais de s'adresser aux parents, aux grands-parents, en exigeant des réponses, même si l'on doit admettre que ce questionnement radical pouvait à certains moments virer à l'inquisition totalitaire. C'est un mouvement qui a commencé à la fin des années 1960, et qui s'est poursuivi au début des années 1970, quand la télévision allemande a diffusé la série *Holocauste*. Après la diffusion, ils ont dû organiser des discussions parce que la société était près d'exploser ! On peut dire que c'est mauvais, hollywoodien, mais cela a été un événement cathartique pour la société allemande, car il interrogeait les uns et les autres sur leurs actes. Difficile dès lors de ne pas évoquer cette force historique du mouvement anti-autoritaire allemand qui s'est coltiné ce travail sur la société et sur la mémoire allemandes et a pris les familles à bras-le-corps !

Jean Viard. – Il y a une souffrance immense de l'individu et en même temps, c'est la montée de l'individu, parce que la question, on la pose à son père, à sa mère. Ce n'est pas une question politique générale. Si on veut expliquer le nazisme, c'est une autre question. C'est : « Qu'est-ce que tu as fait, toi ? » C'est bien la montée de l'individu, de sa responsabilité individuelle dans la sphère publique.

Daniel Cohn-Bendit. – Oui, mais en évitant de réduire l'individu à de l'individualisme.

Jean Viard. – Pour moi, c'est un mot très positif.

Daniel Cohn-Bendit. – Oui, mais il faut préciser le sens du mot « individu ». Pour moi cela veut aussi dire la base de la vie, la liberté individuelle. On pourrait reprendre Proudhon contre Marx pour dire : la liberté d'une société se mesure à l'aune de la liberté individuelle. Autrement dit, la possibilité de vivre suivant ses propres choix et l'intégration sociale, économique, d'une société sont étroitement liées.

La société est-elle très différente aujourd'hui ?

Stéphane Paoli. – Si on regarde, quarante ans après 1968, la question de l'héritage, on voit bien la façon dont les jeunes Allemands ont interpellé leurs parents, leur propre histoire. Et nous alors ? Je suis frappé par votre description du paysage politique il y a quarante ans : on a l'impression qu'il n'est pas fondamentalement différent de ce blocage à la française entre le gaullisme d'un côté, le parti communiste de l'autre, dans une société hypercentralisée, assez contrôlée. Avons-nous vraiment changé en quarante ans ?

Daniel Cohn-Bendit. – Les problèmes de la société française d'aujourd'hui sont totalement différents de ceux d'il y a quarante ans. La société a immanquablement évolué. Du point de vue de la conception de la liberté et de l'autonomie de l'individu, on a gagné. Ce n'est plus une question mais un acquis reconnu par tous et qui va littéralement de soi. Par contre, ce qui reste d'actualité, c'est l'allergie au changement de la société française (peut-être d'ailleurs comme toutes les sociétés). Et puisque les changements nécessaires sont en permanence repoussés, on a l'impression qu'une révolte est toujours possible. Je suis frappé par l'institutionnalisation de la lenteur des transformations alors que notre société est confrontée à des changements technologiques et des évolutions du monde extrêmement rapides... Par exemple, on ne peut plus parler du tiers-monde puisque cette partie du monde produit désormais la moitié de ce que produisent les pays industrialisés. La Chine, l'Inde, l'Amérique latine ont radicalement changé. Cela ne veut pas dire qu'il n'y a pas de pays pauvres, mais le monde multilatéral tel qu'il existe aujourd'hui est un monde totalement différent du monde de la guerre froide, de l'opposition entre l'Est et l'Ouest. Nous vivons donc une tout autre réalité et dans un autre contexte. Mais, en France, on a l'impression que tout reste figé. Ceci explique d'ailleurs en partie le succès de Sarkozy.

Stéphane Paoli. – Tout reste vertical, encore, dans un monde qui est en train de s'horizontaliser.

Daniel Cohn-Bendit. – La chose bizarre, c'est qu'en France, on continue d'interpréter de façon très hiérarchisée la vision selon laquelle « ce qui bouscule fait avancer ». Quoique différemment, on retombe sur une conception où, en haut, il y a l'Élysée et, en bas, le reste de la société. Aucun mécanisme ne permet à la société d'avoir son mot à dire ni au système politique d'interagir dans les débats nécessaires pour réformer. Trois exemples : en France, on parle « des régimes spéciaux ». « Régimes spéciaux », mais qu'est-ce que ça peut bien vouloir dire ? En Allemagne, on parle de retraites ou d'autres types de régime, mais si vous dites « régimes spéciaux », on ne vous comprendra pas. Même incompréhension par rapport à la vision du service public personnifié par la sacro-sainte EDF. En Europe, on parle de « services d'intérêt général » qui peuvent prendre différentes formes. Quand on écoute les discours en France, on a l'impression que le service public n'existe nulle part ailleurs.

Et s'il existe une spécificité française, c'est précisément cette grande difficulté à saisir la nécessité d'une évolution et l'insuffisance de la réponse strictement nationale pour garantir un fonctionnement efficace. Cela ne veut évidemment pas dire que les fonctionnaires ou les employés de la SNCF doivent devenir du jour au lendemain précaires ou pauvres. Par contre, il est indispensable de revoir le cadre conceptuel du débat.

Chaque culture comporte des particularités qu'il est important de préserver pourvu qu'elles ne limitent pas l'ouverture à d'autres types de pensée. Prenons l'exemple du mot « *Waldsterben* » dont dispose la langue allemande et qui n'existe dans aucune autre langue. Ce terme signifie « les forêts détruites par les pluies acides » et il est utilisé tel quel dans les autres langues. À travers cet exemple, j'entends donc illustrer la différence entre les cultures qui, dans ce cas, conduit à un enrichissement. Le problème, c'est quand une prétendue « spécificité culturelle » devient anachronique et empêche les trasformations au point qu'il faille passer d'un « coup de force » à un autre « coup de force ». Aucune possibilité, dès lors, de débattre de la légitimité de cet anachronisme au niveau de la société.

Autre exemple un peu plus complexe : la protestation des étudiants contre l'autonomie des universités. Si on y réfléchit cinq minutes, tout le mouvement d'émancipation est un mouvement contre le centralisme à la française, le jacobinisme. Un des grands problèmes du fonctionnement de la France, c'est son centralisme plus ou moins démocratique. Or, où se situe réellement le problème dans le débat sur l'autonomie des universités et, je dirais même, l'autonomie des écoles et des établissements ? C'est qu'au lieu de prendre à bras-le-corps l'indispensable débat pour aller vers une décentralisation que j'estime nécessaire, on noie le poisson pour mener une politique de restructuration de fonds. Derrière l'autonomie de l'université, se cache la hiérarchie financière, une logique purement marchande et élitiste : des universités pour l'élite, et d'autres pour le simple peuple. Se battre contre cette hiérarchisation, qui pose d'ailleurs problème dans tous les pays où l'on va vers un système à l'américaine avec des universités de première classe pour l'élite et des établissements de moindre niveau pour les autres, est absolument légitime. Mais ce combat n'a à vrai dire rien à voir avec le problème de l'autonomie des universités. Aujourd'hui, je crois qu'une institution moderne est une institution qui est capable de se gérer elle-même.

Jean Viard. – Est-ce que ce n'est pas aussi parce que 68 a davantage porté sur l'autonomie de soi que sur celle des institutions ? Et le pouvoir sur soi a avancé, en particulier en 1981 : l'abolition de la peine de mort, les radios libres, la décentralisation, des mesures qui ont été prises. Dans 1968, il y avait aussi tout le rapport à la psychanalyse, à la psychologie, dont on n'a pas parlé : Deleuze, Guattari… On est au début de la pensée écologique, qui était balbutiante.

Daniel Cohn-Bendit. – Effectivement, le défi lancé par le mouvement écologique reste un défi valable pour la société d'aujourd'hui. Le mouvement écologique est un mouvement qui a – petit à petit mais objectivement – découlé de l'héritage de 68. Il a fini par remettre en question le mode de pensée politique tant de la droite que de la gauche. Ce mouvement ne s'est pas contenté de s'attaquer au productivisme. Il a également compris l'inanité des réponses apportées par les pensées socialiste ou de droite traditionnelles, quand il s'agit de s'attaquer aux problèmes que rencontre la société d'aujourd'hui.

Jean Viard. – L'affrontement capital-travail ne suffit plus à dire le mouvement.

Daniel Cohn-Bendit. – Exactement. Et c'est d'ailleurs pour cela que les positions écologistes sont par essence complexes. L'émergence de Nicolas Hulot l'a une fois de plus démontré. L'écologie pose un nouveau problème : celui de l'avenir de la planète, donc le problème de la vie et de la survie de tout le monde. Ce problème n'est ni à gauche ni à droite, mais au cœur de la société ; il n'appartient à aucune vision politique particulière, il relève d'une dimension transversale.

Sarkozy lui-même prétend que les réponses à nos problèmes sont des réponses d'ordre transversal. On ne peut donc pas se contenter de dire c'est la gauche, c'est la droite. Il y a chez lui une compréhension de cette évolution, ce qui est d'ailleurs très gaullien. Pas centriste. En réalité, ce qu'on a baptisé « centre » aujourd'hui était, à l'époque, la droite non gaulliste. Les Giscard, Lecanuet et d'autres se démarquaient pour leur libéralisme économique et un tant soit peu politique, ou pour leur idéologie sociale-chrétienne. Mais ils n'avaient rien d'un centre cherchant à s'instituer dans la démarcation entre la gauche et la droite. D'ailleurs, on trouvait avec de Gaulle des gens qui étaient bien plus à gauche. Il y avait une partie des « gaullistes de gauche » qui se situaient nettement plus à gauche que cette droite que l'on a appelée « centre ».

Jean Viard. – Mais, après 68, pour ce qui est de l'organisation de la société proprement dite, il n'y a pas eu de forces politiques qui ont essayé de transformer la société en partant des valeurs de 68. Sarkozy doit se prendre pour un nouveau de Gaulle, dans sa façon de dire que la France a énormément besoin de réformes transversales.

Daniel Cohn-Bendit. – Aujourd'hui, la mondialisation nous oblige à une recomposition de la pensée. Nous devons trouver des modes d'organisation de la société qui répondent à l'exigence de liberté et d'autonomie tant collectives qu'individuelles. Penser le nouveau rapport capital-travail, c'est se demander en quoi consiste une économie verte, une économie qui revisite le capital et le travail en fonction du type de production viable pour la planète.

Jean Viard. – Et la gauche française, le parti socialiste n'est pas une machine à penser particulièrement puissante ! Est-ce qu'on n'est pas politiquement, en termes de réorganisation sociale, dans une époque à nouveau assez proche de celle des années 1960 ?

Stéphane Paoli. – Ce qui me frappe, c'est la recomposition. Sarkozy comme un de Gaulle de 2007, la gauche comme la gauche des années 1960 sortant de la période molletiste et se demandant un peu où elle en est. Et, à nouveau, cette verticalisation du système, notamment à travers les médias (à qui appartiennent les tubes, qui sont les grands possesseurs des moyens de communication et d'information aujourd'hui !). On se dit que quarante ans après, les fondamentaux sont toujours là ! Qu'est-ce qu'on a fait ?

Daniel Cohn-Bendit. – Je ne crois pas qu'on puisse dire que quarante ans après, on se retrouve dans la même situation que celle qui existait avant 1968.

Stéphane Paoli. – Je ne dis pas ça, je dis néanmoins que l'on est encore, toujours, dans les blocages à la française.

Daniel Cohn-Bendit. – Quarante après, on n'a toujours pas trouvé la clé de la modernisation politique française. Il y a quarante ans, la crise de l'espace politique était évidente. Depuis, on a cherché des pistes mais, à chaque fois, on est retombé dans une structure ancienne à la française. Après 68, on retrouve donc un modernisme royaliste, comme l'incarne notamment Giscard dans certaines réalisations…

Jean Viard. – Notamment pour les femmes : c'est lui qui a donné aux femmes le droit de signer leurs papiers, comme on le disait.

Daniel Cohn-Bendit. – Oui, et le droit à l'avortement voté par Giscard avec la gauche contre la droite par exemple. Les années Mitterrand, c'est le royalisme de gauche : c'est la surhiérarchisation de la gauche qui s'est mise en place. Et, aujourd'hui, on en est à ce gaullo-bonarpartisme-berlusconien, qui maintient en état la hiérarchie. C'est dire que le fonctionnement de la démocratie française est a-moderne. Il n'est pas anti mais a-moderne. Et vu que la société ne peut véritablement accepter les réformes nécessaires aussi longtemps qu'elles ne font pas l'objet d'un débat, soit on passe en force, soit on louvoie. Mais ceci ne fait avancer ni la conscience démocratique ni la capacité des uns et des autres à entrer dans la modernité. C'est également vrai pour les organisations sociales, les syndicats, le patronat, les organisations non gouvernementales...

La seule innovation politique – même si on ne sait pas trop où elle aboutira – a été cette idée du Grenelle de l'environnement. Je crois que c'est un moment très intéressant parce que, tout à coup, des acteurs sociaux de tous bords ont été obligés de se retrouver, non seulement autour d'une table, mais aussi pour acter des décisions. En même temps, je ne peux m'empêcher d'être sceptique quant à l'issue de ce nouveau processus, vu qu'il s'inscrit dans le contexte d'un pouvoir qui louvoie dans tous les sens. Mais, en soi, l'idée de ce processus est une modernisation de la politique.

Jean Viard. – C'est la première fois que l'on se met autour d'une table pour négocier en sachant qu'à la sortie, il y en a qui redeviennent patrons et d'autres salariés, d'autres ONG, d'autres gérants du pouvoir… On fait une parenthèse et après le patron refait son boulot de patron et le salarié, y compris le syndicaliste, refait le sien… C'est nouveau.

Daniel Cohn-Bendit. – En fait, le Grenelle de l'environnement acte un processus de transformation très profond de la société dans la mesure où les représentants des intérêts de la société ne sont plus exclusivement représentés par le patronat, les syndicats, l'État, mais aussi par une autre société civile : les organisations non gouvernementales, environnementales, qui, dans ce cas de figure, deviennent tout à coup des institutions reconnues dans l'espace politique. Ce phénomène est inimaginable en 1968. Quelque chose de nouveau s'est donc imposé au fil des ans et il faut le saluer.

Jean Viard. – La montée des individus après 1968 a permis la naissance des ONG qui sont des libres associations d'individus qui ne visent pas le pouvoir, qui visent à agir sur la réalité, que ce soit au Darfour ou pour le trou de la couche d'ozone. Il fallait que l'individu soit construit comme être symbolique légitime pour faire cela, ce qui en France n'était pas le cas.

Daniel Cohn-Bendit. – Et que l'association d'êtres libres en soit la base. C'est vrai que le fonctionnement de ces ONG, très difficile au quotidien, est l'expression d'un autre type d'organisation sociale.

Ce mouvement, on le retrouve d'ailleurs au niveau global. On peut tout dire sur les altermondialistes – et je suis souvent critique sur le contenu – mais il faut reconnaître que ce type d'organisation transversale au niveau global a réussi quelque chose d'important : politiquement, ils ont changé le débat sur la mondialisation. Ils ont imposé un autre débat sur la mondialisation à tous les gouvernements. C'est un succès politique qu'il ne faut pas minimiser. On peut dire que leurs propositions ou que les solutions qu'ils préconisent ne répondent pas à la complexité de la situation, mais ils ont quand même réussi à s'imposer ! Dans les discours des uns et des autres sur la mondialisation, plus personne aujourd'hui – à part les néo-libéraux américains bushiens – ne refuse l'idée d'une régulation sociale et écologique de la mondialisation. Il est désormais acté que les enjeux se situent à ce niveau. La question reste ouverte quant à la manière de se battre et, surtout, d'imposer une gouvernance globale si nécessaire.

Stéphane Paoli. – Après ce formidable appel d'air, que vous décrivez, qu'a été Mai 68, il y a quelques mois, *Times Magazine* faisait sa couverture, et sa une, en gros caractères en écrivant

« *You* ». « *You* » : c'est chacun d'entre nous qui constitue ce qu'on appelle aujourd'hui la société de l'information. Au fond, chacun d'entre nous est un centre de production, il est un centre tout court. Mais nous sommes tout de même, quarante plus tard, toujours dans un système politique à la française qui reste vertical ! Même si la France a commencé à bouger un peu. Néanmoins, notre système reste un système vertical. Alors, où est notre héritage de ce grand appel d'air de 68 ? Y a-t-il une incapacité française à changer sa position ?

Daniel Cohn-Bendit. – L'évolution nous interpelle parce qu'elle démontre ce que veut dire le temps en histoire. La fameuse phrase de Mitterrand : « Il faut donner du temps au temps. » Quarante ans près, on en est toujours là. Souvent, je m'interroge sur la France et, très vite, on se rend compte que c'est un pays qui a fait une révolution en 1789 et qui s'est installé dans cette conviction d'être à tout jamais le pays de la Déclaration universelle des droits de l'homme. Mais pendant deux siècles, cela ne semble avoir dérangé personne de maintenir les femmes hors du système. Il faut attendre 1945 pour qu'en France, les femmes obtiennent le droit de vote.

Jean Viard. – Le décret d'Alger, 1944, de Gaulle.

Daniel Cohn-Bendit. – C'est ça, la France ! Une idée de changement fascinante, la Révolution française, mais en même temps, un conservatisme incroyable de la société qui fait qu'en 1936, le Front populaire, qui dispose de la majorité pour changer la loi électorale, ne le fait pas ! Pourquoi ? Parce qu'il pense que les femmes votent systématiquement à droite. La gauche au pouvoir refuse donc le droit de vote aux femmes sous prétexte qu'elles votent à droite ! On croit rêver !

Jean Viard. – Mais Léon Blum nomme trois ministres femmes, c'était la première fois dans l'histoire de la République, et ils ont l'impression d'avoir fait beaucoup de choses déjà.

Daniel Cohn-Bendit. – Précisément à cause d'une conception paternaliste, autoritaire, hiérarchique du rapport aux femmes.

Jean Viard. – Il pense que « les femmes votent comme le curé », et comme la gauche est laïque et le curé plutôt à droite…

Daniel Cohn-Bendit. – C'est l'explication du raccourci de ma phrase. Si on a cela en tête, on comprend que 68 est un désir de changement et de modernisation mais que, dans les faits, la société met énormément de temps à bouger car ce sont des pans entiers de l'identité politique de la France qui doivent bouger. Prenons l'exemple de l'un de mes plus grands combats politiques qui m'a valu une gifle mémorable : la bataille au moment du référendum sur le traité constitutionnel européen. Que s'est-il passé ? Il y avait un texte, bon pour certains, détestable pour d'autres, autour duquel la France s'est organisé un psychodrame. Je l'ai compris à la fin, dans l'un des derniers meetings. J'explique le traité constitutionnel, en quoi il s'agit d'un compromis important permettant des avancées politiques, individuelles, de l'Europe, et son caractère nécessaire pour le fonctionnement de l'Union… La rencontre était sur le point de se terminer quand tout à coup une femme se lève et me dit : « Dany, sur le texte, tu as vraisemblablement raison, mais j'ai un besoin existentiel de dire non ! » Ça, c'est la France. C'est sa définition exacte. La France est en permanence en crise existentielle, pour le meilleur et pour le pire. Crise existentielle sur la Résistance ou la collaboration, crise existentielle sur l'homme ou la femme, crise existentielle sur la gauche ou sur la droite.

68 est l'une des formes d'éruption de cette crise existentielle et des réponses que l'on veut y apporter. En même temps, l'espace rationnel, politique, de réorganisation, de modernisation politique, d'expression politique, reste absent. Il ne subsiste, par conséquent, que la mythologie existentielle révolutionnaire française : on dit non, on prend la révolution et à bas le capitalisme !

Je me souviens d'un débat avec des écologistes qui opposaient, à la droite, les gens de la gauche comme étant les seuls à s'intéresser au sort des plus démunis. Comme si les néo-libéraux se réveillaient chaque matin en disant : plus il y a de pauvres, meilleur c'est pour nous ! Hallucinant ! Ce n'est pas parce qu'ils ont une idéologie différente qu'ils veulent plus de pauvres. Pour eux, si on fait fonctionner le marché à fond, certains gagneront sans doute plus d'argent que d'autres, mais globalement tout le monde gagnera plus. C'est faux mais c'est leur idée.

À gauche, par contre, on croit que la répartition doit systématiquement se faire par le biais de l'État, censé réguler également le service public. Mais si on prend le temps de réfléchir, on voit que cette approche des choses ne suffit pas non plus à garantir un fonctionnement optimal. On retombe, encore et toujours, dans un schéma de pensée manichéiste. Les autres, c'est le mal. Pour la droite – j'exagère un tout petit peu –, c'est la gauche qui veut exterminer l'individu, qu'elle ne comprend pas ; et pour la gauche, c'est la droite qui veut maintenir les inégalités sociales en soumettant l'État régalien à l'idéologie néo-libérale au profit des riches et au détriment des pauvres. Mais cela ne marche évidemment pas comme ça.

En réalité, bien que les méthodes soient effectivement différentes, le débat sur l'organisation sociale existe d'un côté comme de l'autre. Quant aux Verts et, plus généralement, aux écologistes, ils sont les seuls à débattre et remettre en question tant l'étatisme que le néo-libéralisme. Le problème en France, c'est qu'on a toujours du mal à comprendre à quel niveau de débat on se situe. Et comme c'est compliqué et complexe, on en arrive toujours à l'existentiel. C'est sans doute plus simple et plus exaltant. En même temps, cette situation a provoqué un défi intellectuel débouchant sur un nouvel espace de réflexion. Sartre ou Camus, Marcuse ou Hannah Arendt ! Surtout ni Karl Marx ni Raymond Aron mais Edgar Morin, Cornelius Castoriadis, Claude Lefort, André Gorz ou Alain Touraine. Nous connaissons ainsi, à la suite de 68, un nouvel essor de la pensée et de la réflexion qui produira, dans la foulée, la nouvelle philosophie avec des penseurs comme Bernard-Henri Lévy ou André Glucksmann et un nouveau type de réflexion sur les profondeurs psychiques de la société avec notamment Félix Guattari, Gilles Deleuze ou Michel Foucault. J'ai honte : il n'y a que des hommes… Julia Kristeva et les autres, au secours !

Jean Viard. – Vous avez dit que 68, c'était deux choses principales : le pouvoir sur soi et la fin du mythe révolutionnaire. Ne pourrait-on pas dire qu'en France le pouvoir sur soi, depuis quarante ans, on a réussi à le développer, il a beaucoup changé. Mais si on a supprimé le mythe révolutionnaire, comme le modèle français ne se transforme que par des révolutions, on ne sait plus le transformer. Est-ce qu'on n'a pas un échec profond, pour des gens de 68 comme nous, dans la sphère du politique au sens de l'organisation sociale ? Est-ce que ce n'est pas là où, finalement, on a laissé les choses se faire à côté de nous ?

Daniel Cohn-Bendit. – La révolte de 68, et ce qui lui a succédé, a gagné culturellement mais perdu politiquement. Le social est un peu ballotté entre les deux. Pour moi, la grande nouveauté politique, c'est l'émergence de l'écologie politique. En tant que député européen, il m'arrive de soutenir des gouvernements contre d'autres pour essayer d'imprimer d'autres schémas de pensée dans l'espace politique traditionnel.

Jean Viard. – Peut-être n'a-t-on pas su redéfinir les positions entre les forces du « mouvement » et les forces du « conservatisme » ? En permanence, dans les jeux politiques, on redéfinit ce qu'est le conservatisme et ce qu'est le mouvement. Un des échecs relatifs de 68 n'est-il pas que l'on n'est pas arrivé à repositionner cette ligne de clivage ? Il y a certes le mouvement écologique mais le Grenelle sur l'environnement est fait par la droite...

Daniel Cohn-Bendit. – L'irruption de la crise écologique est devenue incontournable pour tous, droite comprise, d'où son Grenelle de l'environnement. Le problème est posé et il nous somme de répondre. Mais ce qui est intéressant, c'est que les ONG qui sont là, ce sont les ONG de l'espace écologique, de ce petit monde écologique qui s'est défini après 68 entre les Verts et Nicolas Hulot. C'est la même famille : ils étaient déjà là, ils ont fait avancer le mouvement. Après coup, vous avez quelques responsables politiques, à droite comme à gauche, qui se sont investis là-dedans... Ce qu'il faut retenir, c'est que ce qui était en gestation et que personne ne connaissait vraiment s'est tout à coup retrouvé au-devant de la scène, sous les projecteurs de la société politique officielle. Cette avancée ne supprime pas le problème de la relation entre la nécessité de modernisation écologique et les aspirations de gestion collective qui existaient dans les années 1960. Le pont reste à trouver.

Stéphane Paoli. – Vous venez de dire une chose qui m'intrigue et qui est toujours liée à cette question de l'héritage de 68..., peut-être à un rendez-vous qui serait ou mélancolique ou, pour le coup, très inquiétant. Quand vous dites les néo-libéraux, si on prend le cas des Américains, ce sont eux qui ont théorisé le concept du Bien et du Mal. En gros, nous, c'est le Bien ; les autres, forcément c'est le Mal. Par rapport à ce mouvement, que vous évoquiez tout à l'heure, des jeunes qui voulaient inventer leur propre histoire et le faire en toute liberté, il se trouve que quarante ans après, nous voici confrontés à un monde qui se radicalise de plus en plus, qui invoque le Bien contre le Mal. On finit par se demander si ce grand mouvement des années 68-70 n'aura pas été une petite parenthèse, une petite bulle d'espoir dans un monde qui est en train de se refermer, de se reverticaliser malgré les technologies et de nous resservir le discours : « C'est nous qui avons raison puisque nous sommes les plus forts. »

Daniel Cohn-Bendit. – D'abord, pour aller dans le sens de l'inquiétude : j'ai été frappé par ce qui s'est passé lors du débat sur l'intervention en Irak. Après réflexion, je me suis rendu compte que le communisme et le bolchevisme, enfin effondrés en Russie – on pourra reparler de Poutine –, ont réapparu à Washington. Je m'explique : le bolchevisme et le communisme, c'est quoi ? C'est de dire : « Le monde tel qu'il existe est injuste et dangereux, il faut le changer. » Ce n'est ni plus ni moins ce que dit Bush. La réponse bolchevique consiste à dire : « Le monde plus juste et égalitaire, c'est le communisme. » Pour Bush et les néo-conservateurs, le monde le plus juste et le plus égalitaire, c'est l'Amérique. « Si le système américain est partout, tout ira bien. » Le bolchevisme sauce Mao dit : « Le pouvoir est au bout du fusil. » Ce que Bush dit également.

Jean Viard. – « La démocratie est au bout du fusil » ?

Daniel Cohn-Bendit. – La démocratie est au bout du fusil : on attaque donc l'Irak ! Trois semaines avant le début du conflit en Irak, j'ai discuté avec Pearl, un des penseurs néo-conservateurs à Washington, et j'ai été complètement halluciné par ses propos. Il m'expliquait : « Dany, tu ne comprends pas ! On va rentrer à Bagdad et ça va être comme à Paris en 1944. Il va y avoir des millions de personnes dans la rue, ils vont s'embrasser, ils vont nous embrasser, et une nouvelle ère va naître dans toute la région. Ça va être les dominos de la démocratie qui vont s'imposer partout. » Je lui ai alors demandé s'il y croyait et sa réponse fut : « Mais bien sûr que j'en suis sûr ! » C'est bien le problème !

Stéphane Paoli. – Il était sûr de la théorie des dominos, après ce qui s'était passé au Viêt-nam ? Pourtant la théorie des dominos, on avait déjà vu ce qu'elle avait produit.

Jean Viard. – C'est une erreur historique fondamentale ! Ce qui s'est passé à Paris – la Libération –, ça ne s'est pas passé à Berlin lors de l'effondrement du régime nazi. En 1945, quand les Américains ou les Russes sont arrivés à Berlin, on ne peut pas dire qu'ils aient été accueillis par des cris de joie massifs. Donc, une situation incomparable à la France.

Daniel Cohn-Bendit. – Parce qu'il faisait une interprétation d'une superstructure occupante…

Jean Viard. – Oui, d'un pays occupé et du cœur d'un dispositif totalitaire. Or ce n'est pas la même réalité ni le même imaginaire…

Daniel Cohn-Bendit. – C'est bien dans l'imaginaire, mais ce qui est inquiétant, c'est de se trouver à nouveau dans ce combat du Bien contre le Mal. Et en face, on a l'intégrisme totalitaire islamiste qui, lui aussi, dit le Bien et le Mal.

J'ai soutenu l'intervention en Afghanistan. Je continue de penser qu'elle était nécessaire, mais je reste dubitatif quant à la manière dont a été géré l'après. Suite au 11 septembre 2001, un bras de fer incroyable s'est engagé. L'objectif des talibans et de Ben Laden n'était pas de prendre le pouvoir aux États-Unis, ni de les battre. En frappant les Américains, donc l'impérialisme américain en son épicentre, ils démontraient à une grande partie de l'armée au Pakistan et en Arabie saoudite, ainsi qu'aux couches moyennes de ces pays, qu'ils étaient capables de vaincre, de frapper les Américains. Leur objectif, c'est le pouvoir en Arabie saoudite et au Pakistan. Autrement dit, La Mecque pour l'Arabie saoudite, en réinstaurant le khalifat de Ben Laden ; et la bombe atomique pour le Pakistan. C'est ça qui se mettait en place. Il ne s'agissait donc pas de dire simplement qu'il fallait réagir autrement. Soit on cassait immédiatement cette dynamique, soit on n'agissait pas et l'issue demeurait dangereusement incertaine.

Nous ne sommes pas face à des mouvements de libération nationale, mais face à des individus qui visent une prise de pouvoir transnational, totalitaire : c'est ça l'imaginaire politique d'Al-Qaida et de tous ces mouvements. Ils sont alimentés par un sentiment de frustration, d'injustice, comme les Allemands étaient alimentés d'un sentiment d'injustice et de frustration.

Stéphane Paoli. – Enfin, on ne va quand même pas dire « sous les pavés, le choc des civilisations » ! Nous en sommes là ou pas ?

Daniel Cohn-Bendit. – Non, il y a un choc entre des théories et des pratiques politiques, pas des civilisations. C'est là que très souvent on se trompe. L'erreur, elle est de dire que c'est le choc de l'islam contre le monde occidental, alors que le choc a lieu entre une position bolchevique néo-conservatrice et un mouvement politique totalitaire agressif – l'intégrisme islamique. C'est à ce niveau qu'il faut trouver une réponse. Et s'il y a bien quelque chose que Sarkozy ne comprend pas, c'est le sens du débat sur la Turquie en Europe. Pensons à ce que je viens de démontrer concernant le problème du monde. La Turquie est un pays majoritairement musulman qui a été un pays laïque et autoritaro-totalitaire, et qui cherche aujourd'hui une orientation démocratique. Le kémalisme, c'est un autoritarisme laïque.

Jean Viard. – C'est un cousin du totalitarisme de la même époque. On le trouve sympathique parce qu'il a émancipé les femmes. C'est vrai aussi du parti Baas.

Stéphane Paoli. – Le shah d'Iran interdisait le port du foulard dans la rue ! J'ai des copains dont les parents, les grands-parents étaient attaqués à coups de pierre dans la rue parce que leurs mères et grands-mères portaient un foulard.

Daniel Cohn-Bendit. – Vu la situation, en quoi la manière de traiter la question de la Turquie est-elle cruciale pour les Européens ? Inutile de faire de l'angélisme. Ce combat contre l'intégrisme totalitaire basé sur la religion, contre l'islamisme en tant que mouvement totalitaire, est nécessaire. Si on arrive à démontrer qu'islam et démocratie ne sont pas contradictoires, mais qu'au contraire, c'est une religion avec une forme d'organisation politique comme les autres, on gagne quelque chose d'essentiel. Si, pendant les dix ou quinze ans à venir, la Turquie continue de progresser et que nous poursuivons le processus, on démontrera à la majorité des musulmans que notre combat ne vise pas l'islam mais l'islamisme. Nous aurons ainsi permis une remise en question des bases de la religion, et ce à l'intérieur même de l'islam, comme cela s'est produit avec le catholicisme, l'église protestante et le judaïsme.

Jean Viard. – Mais est-ce qu'on peut faire de la politique sans avoir le sentiment de défendre le Bien ? C'est très rationnel ce que vous expliquez là, mais c'est seulement rationnel. Pour que la société se sente engagée, n'a-t-on pas besoin d'un sentiment de se battre pour des choses positives ? N'est-ce pas cela qui est compliqué dans ce que vous expliquez à propos de la Turquie ? Ce n'est pas « désirant », si on peut dire. Et puis, pour mobiliser les Français, pourquoi aller travailler la Turquie plus que le Maghreb ? Je suis pour l'entrée de la Turquie dans l'Union européenne, mais tout autant pour celle du Maroc, de l'Algérie ou de la Tunisie. Pourquoi faire de la Turquie un cas d'école différent d'une lutte qui est la même – cette relation entre islam et démocratie – et que l'on retrouve aussi dans le Maghreb ?

Daniel Cohn-Bendit. – Parce que l'histoire a été différente. La Turquie, cela fait quarante ans qu'on lui donne cette perspective. Le premier accord d'association avec la Turquie a été signé en 1963.

Jean Viard. – Les autres étaient encore quasiment des colonies…

Daniel Cohn-Bendit. – Je ne dis pas le contraire. Je dis simplement que j'ai devant moi le discours du secrétaire d'État au ministère des Affaires étrangères allemand de l'époque, von Hallstein, lors de la signature du premier accord d'association avec la Turquie, qui explique que la Turquie est un pays européen. Pourquoi dit-il cela ? Il dit cela parce que la Turquie fait partie de l'Otan. L'Allemagne sait que l'un des problèmes du monde occidental, c'est la « défense », face à l'Union soviétique, dans l'est de la Méditerranée. Von Hallstein sait que la Turquie est musulmane, il sait que c'est la religion de la majorité de la population ; mais ce n'est pas ce qui l'intéresse. De plus, les démocrates turcs qui veulent une autre société se sont battus pendant quarante ans pour la liberté et la démocratisation de la Turquie au nom de cette perspective européenne. Les régimes algériens, tunisiens se sont battus pour l'émancipation d'avec la France. Leur modèle, ce n'était pas la France, mais la lutte contre le colonialisme qui répondait à une autre logique. La question ne se pose donc pas dans les mêmes termes. Le rapport de l'Europe – et pas simplement la France – avec le Maghreb doit être pris en considération, mais il relève d'un tout autre ordre et on ne peut pas mélanger les deux problèmes.

Stéphane Paoli. – Je me méfie de l'anachronisme en histoire parce qu'il peut nous emmener sur des fausses pistes ; mais imaginons que la question de la Turquie se soit posée en 1968, qu'elle ait été posée à la jeunesse européenne – et pas seulement à la jeunesse française –, dans les universités. Comment pensez-vous qu'on aurait répondu à cette question ? Et comment sommes-nous aujourd'hui en situation de n'avoir toujours pas véritablement répondu à la question, quarante ans plus tard ?

Daniel Cohn-Bendit. – La réponse pour aujourd'hui doit s'attacher aux raisons pour lesquelles on se mobilise. Je crois qu'aider à l'émancipation des femmes, des jeunes, des enfants à l'intérieur de l'islam, est quelque chose de fascinant. Je suis convaincu qu'en 68, tous auraient dit oui avec les étudiants en Turquie qui, d'ailleurs, manifestaient déjà à l'époque. Et, pour reprendre notre langage du moment, cela devient : « Oui, nous voulons construire ensemble un autre monde ! »

Jean Viard. – Il n'y avait pas de frontière, ce n'était pas une autre frontière.

Daniel Cohn-Bendit. – Effectivement. Personne n'aurait dit : « Ce n'est pas nous... » On parlait de la même manière avec les Américains et avec les révoltés d'Amérique latine. Les frontières n'étaient pas un problème. Pour moi, le cas de la Turquie illustre à merveille l'esprit de 68 et son affirmation de la diversité. Il y a trois semaines, j'étais en Turquie. Comme vous le savez, je suis favorable à son adhésion, si elle change et continue à changer. Je ne sais évidemment pas si on y arrivera ou pas.

En novembre dernier, j'y étais donc, et j'ai parlé aux télévisions, aux étudiants de l'université du Bosphore... J'ai été invité tant par des journaux islamistes que libéraux, et je tenais systématiquement le discours suivant : « Vous savez que, avec les Verts, je suis pour l'entrée de la Turquie dans l'Union européenne. Malgré l'hostilité de certains, nous sommes convaincus qu'un tel aboutissement constitue une avancée historique extraordinaire. Mais il faut que vous ayez conscience des types de changements que cela va engendrer chez vous. Je vous donne un exemple : capitale de la France, Paris : le maire de Paris, homosexuel. Capitale de l'Allemagne, Berlin : le maire de Berlin, homosexuel. L'entrée de la Turquie, cela veut dire, dans quinze ou vingt ans, un maire d'Istanbul qui pourrait être homosexuel ! Oui ou non ? » Et là, le débat a réellement commencé. D'après vous, comment ont réagi les journaux turcs ? C'était à la une ! Un vrai débat a eu lieu et ils ont commencé à regarder leur propre histoire.

Finalement, ils se sont dit qu'effectivement on ne pouvait pas concevoir la Turquie européenne comme la Turquie d'il y a quinze ou vingt ans. Dans le feu de ce débat public, un écrivain turc kurde n'a carrément pas hésité à se déclarer homosexuel et candidat à la mairie d'Istanboul. C'était en grand titre ! Bref, en essayant de comprendre l'intégration de la Turquie, les Européens sont obligés de se poser la question du modèle de société qui rend possible l'organisation de la liberté, et de comprendre si ce modèle n'est en fin de compte valable que pour eux ou s'il l'est également pour les autres.

Jean Viard. – Ce qui définirait un peu le message européen comme un message de la liberté de l'individu. Ce qui nous ramène à 68.

Daniel Cohn-Bendit. – Ce qui le définit, c'est l'autonomie de l'individu face aux idéologies religieuses ou politiques. C'est fondamental, c'est la base du fonctionnement de la démocratie. Sinon, on n'y arrivera jamais.

Stéphane Paoli. – Vous dites le « débat », en citant le cas de la Turquie. À travers tout ce que j'ai relu de Mai 68, ce qui émerveillait, c'est que tout le monde parlait à tout le monde : les parents avec les enfants, les profs avec les étudiants, les étudiants avec les ouvriers, même si ça c'est venu un peu plus tard. Tout le monde parlait à tout le monde. Sommes-nous aujourd'hui dans une société qui continue de se parler ? On n'a jamais eu autant d'outils et, apparemment, on ne s'est jamais aussi peu parlé. Donc, quarante ans plus tard et toujours dans cette problématique de l'héritage, où en sommes-nous ? Qu'est-ce qui est encore possible dans ce débat-là ?

Daniel Cohn-Bendit. – Le grand problème est que ce besoin d'émancipation par la communication et le dialogue a été, je ne dirais pas usurpé mais remplacé par la Star Academy, le Loft. Ce sont des faux-semblants de dialogue. Aujourd'hui, on n'a toujours pas de cadre moderne pour répondre à cette envie d'une société plus ouverte, où les gens sont capables de se parler. Je suis toujours étonné – et j'en suis moi-même responsable – de constater, dans les débats télévisés ou radio, qu'on n'arrive jamais à atteindre cette phase où, avec celui qui n'a pas la même position que moi, nous serions obligés de reconnaître tout simplement que nous ne savons pas. C'est pourtant le point de départ de la discussion. Quand on a des réponses et qu'on sait ce qu'il faut faire, on s'envoie des « Tu ne comprends rien… » à la tête. On ne parvient jamais à créer ces moments – qui doivent pourtant exister – où tout à coup, il y a un véritable échange et où on avance dans l'incertitude.

Stéphane Paoli. – Parce qu'il y a un risque.

Daniel Cohn-Bendit. – Parce qu'il y a un risque, ou parce que ça nous rassure de croire qu'on ne se fera pas couper la tête. Ce qui était fantastique en 68, c'est que tout le monde mettait les choses sur la table sans avoir peur d'être ridicule. On pouvait dire : « Moi, j'ai un problème. » Même si je peux comprendre que le « Moi, je » ait fini par gaver tout le monde, il n'empêche que ce « Moi, j'existe et voilà comment je vois les choses » pouvait s'exprimer. On lui répondait ou pas, c'était repris ou non dans l'espace du débat, mais, au moins, il était entendu. Aujourd'hui, on vit plutôt dans l'angoisse de ne pas correspondre à ce que l'on doit dire ou à ce que l'on peut dire. Ce qui donne cette atmosphère, et cette société qui nous paraît coincée.

Stéphane Paoli. – C'est terrible parce que quarante ans après, on est dans un système qui est en train de devenir un système normé, exactement à l'opposé.

Daniel Cohn-Bendit. – Sauf qu'on ne peut pas faire abstraction de cette évolution ambiguë que constitue le débat internet. Le plus fou, c'est que la société filtre tellement que la liberté qui existe sur le net est une liberté terrorisante. Et vu que le filtrage disparaît sur internet, on peut s'envoyer tout et n'importe quoi, n'importe comment. De plus, comme nous vivons une phase historique très angoissée, on renvoie tout ce que l'on a de non-filtré, de non-civilisé sur le net. En même temps, la possibilité d'un dialogue extraordinaire existe. Sur les sites scientifiques, on peut trouver des débats historiques et nombre d'informations absolument passionnantes. Des chercheurs publient leurs réflexions en ligne. Et d'un seul coup se produit une transparence de l'évolution de la pensée. Même si ce sont des chercheurs, tout le monde peut en principe rentrer dans le débat s'il le veut. Notre société fournit donc des moyens extraordinaires de dialogue, mais ce dialogue peut en même temps nous terroriser.

Un autre phénomène qui émerge, c'est le nombre de gens qui se rencontrent via internet. On envoie un message à un inconnu qui vous répond. Et, petit à petit, on se rapproche jusqu'au moment, à la fois angoissant et enivrant, où l'on décide de « se rencontrer ». L'approche peut durer des mois. On se raconte des histoires… Pour moi, cela démontre une fois de plus toutes les possibilités que développe notre société.

Jean Viard. – Le fait aussi qu'on peut se mettre à ne vivre que dans le virtuel. Il y a une limite. Tous les aspects sont toujours doubles.

Daniel Cohn-Bendit. – Toute chose a son contraire. L'émancipation sans aucun danger n'existe pas. Dans nos sociétés – je ne vais pas refaire *La Société du risque*, d'Ulrich Beck –, nous devons prendre des risques.

Jean Viard. – C'est que la société de la liberté de l'individu est une société où l'on dit à l'individu : « Si tu veux bien vivre, prends des risques. » Alors que la société collective, c'est du style « le capitalisme empêche de vivre »…

Daniel Cohn-Bendit. – Et le socialisme va te sauver.

Jean Viard. – Par exemple, ou l'inverse. Notre société, depuis 1968, s'est bâtie sur l'individu, et l'individu devient responsable de lui-même. Ce qui est extraordinairement génial mais, en même temps, quand on se plante, on en est un peu responsable.

Stéphane Paoli. – Et on est passé d'une société du risque et de l'enjeu du risque à une société dite aujourd'hui du principe de précaution.

Daniel Cohn-Bendit. – Le principe de précaution est intéressant parce qu'il développe l'idée d'une régulation du risque. Ce n'est donc pas la suppression du risque. Vu les évolutions de la société, nous décidons de minimiser le risque et nous prenons des précautions. Ce concept est éminemment politique parce que le niveau de précaution à adopter n'est pas donné a priori. Il ne s'agit pas d'une équation mathématique, mais d'un principe problématique qui requiert une décision politique pour mettre le halte-là.

En forme de conclusion

Stéphane Paoli. – Si on récapitule ce dont nous parlons depuis trois heures, je retiens : « révolte », le point important sur lequel vous avez insisté en commençant. Je retiens : « jouissif ». Quarante ans plus tard, la question se pose à nouveau de savoir s'il faut liquider tout cela.

Jean Viard. – Je rajouterais : « pouvoir sur soi » et « fin du mythe révolutionnaire ». Il n'y a pas que le jouissif, même si je pense que Dany incarne le jouissif de 68 grâce à son sourire. Il en avait le rôle…

Daniel Cohn-Bendit. – Le label.

Jean Viard. – Il était jouissif et il l'est toujours, d'ailleurs ! Parce qu'il n'a pas arrêté de sourire depuis qu'il est petit ! C'est vrai que chaque fois qu'on le voit, il sourit. Il y a tout cela : jouissif, le pouvoir sur soi, la fin du mythe révolutionnaire. Ce qui synthétise l'époque. Mais qu'est-ce que cela a construit, et comment faut-il le reprendre aujourd'hui ? Que doit-on faire encore ? Il y a ce qui s'est développé dans la société, et il y a ce qui n'a pas abouti. Qui sont nos ennemis ?

Daniel Cohn-Bendit. – J'ai voulu appeler ce livre « *Forget 68* » : *Oublier 68*. 68, c'est fini ! Cela ne veut pas dire que ce passé est mort, mais qu'il est enfoui sous quarante tonnes de pavés qui, depuis, ont labouré et changé le monde. Le monde d'aujourd'hui n'est plus du tout celui de 68. Cela veut dire que 68 et les années qui ont suivi sont passées par là. 68 a été le premier mouvement d'échelle globale diffusé en temps réel. Nous vivions au rythme de Berkeley, de Berlin, de Paris, de Rome, de Budapest, puis de Prague. C'était un monde de révoltes, différentes mais connectées. J'ai pas mal discuté avec Adam Michnik, l'un des protagonistes de la révolte de 1968 de l'université de Varsovie. Là-bas, les étudiants voulaient la démocratie, la liberté, le capitalisme même; mais nous étions en connivence dans nos discussions sur la révolte anti-autoritaire. Nous fonctionnions à la même fréquence sur la révolte contre l'autoritarisme et la morale du communisme. Pour eux, c'était la politique, mais aussi le jazz qui étaient importants! Une empathie anti-autoritaire existait réellement, même si les deux systèmes ne sont pas comparables et qu'il y avait des tas de différences entre ces deux mouvements.

Aujourd'hui, que faut-il retenir? D'abord ce qui a changé dans nos sociétés, ce qui a permis une évolution extraordinaire. Socialement, ou disons culturellement, nous avons gagné. Socialement, je donnerai un exemple: en 1990-1991, j'étais adjoint au maire multiculturel de la ville de Francfort. Alors en charge de l'immigration, j'organise un débat sur l'intégration. À un moment donné, un conseiller municipal de droite se lève – catholique, croyant, très sympa – et me dit: «Dany (tout le monde me tutoie), tu es formidable mais tu ne comprends pas une chose. Le problème, ce n'est pas l'immigration. Le problème, c'est l'islam, parce qu'il ne reconnaît pas l'égalité entre les hommes et les femmes alors que c'est la base de la démocratie. » À quoi je réponds : « Depuis vingt, vingt-cinq ans, je me demande ce que 68 a vraiment réussi ; tu m'as donné la réponse ! » Un homme profondément catholique, croyant et qui, plus de vingt ans après 1968, me dit que la base de la liberté et de la démocratie, c'est l'égalité des hommes et des femmes. C'est fabuleux, et c'est là que j'affirme : « On a gagné ! » Dans les années 1960, ce n'est pas ce que disaient l'Église ou les catholiques, ce n'était pas la réalité de nos sociétés. On a donc gagné !

Cette évolution démarre avec 68 pour se prolonger évidemment à travers les décennies suivantes. Là où on patauge encore, c'est dans notre rapport à la globalisation, et dans la compréhension du monde d'aujourd'hui. On reste souvent complètement scotché à des catégories politiques dépassées : capitalisme contre socialisme, le bien contre le mal, l'État contre le marché, le marché contre l'État. Sur ce point, nous sommes donc en droit de nous demander si on a effectivement changé d'époque. Parce que, politiquement, d'un côté comme de l'autre, on est resté englué.

Jean Viard. – La question est : comment, dans ce monde-là, faire société ensemble tout en étant aussi individualisés ? La grande angoisse de la droite – qui monte partout, avec Bush, avec Sarkozy – est qu'elle a peur que ce monde hyper individualisé ne soit pas gouverné, ne soit pas gouvernable. Elle dit que pour y arriver, il faut revenir à des structures fortes. Aussi cette grande vague conservatrice essaye de reconstruire du politique à partir des cadres d'hier. C'est, me semble-t-il, ce qu'il faut entendre dans les attaques anti-68 de Nicolas Sarkozy.

Est-ce qu'on n'a pas une difficulté à dire comment faire société ensemble, et comment générer du politique, avec ce type de valeurs, ou à répondre à la vague conservatrice qui dit qu'il n'y a qu'à refaire comme avant, remettre de l'autorité – j'allais dire la femme à la maison et le patron dans l'entreprise ?

Daniel Cohn-Bendit. – Un vieux débat initié avec les aspirations autogestionnaires et repris par le mouvement alternatif des années 1970 ressurgit aujourd'hui, à savoir : comment créer des espaces d'action, de gestion, de travail, de vie collective qui reposent sur l'autonomie des individus et sur leur liberté ? Les ONG sont un élément de réponse au niveau de l'espace politique. Au niveau de l'organisation politique plus traditionnelle comme celle des partis politiques, la question qui se pose à nous est celle de la dynamisation positive de cette chose extraordinaire qu'est la liberté individuelle. Comment arriver à la liberté dans une perspective de cohésion collective ?

Jean Viard. – Pas seulement dans des communautés de base sympathiques : on sait faire des communautés, mais au niveau du *nous*.

Daniel Cohn-Bendit. – Créer un *nous* autour d'un *je* très fort.

Stéphane Paoli. – Mais il est là ! Il est horizontal et il s'appelle internet.

Jean Viard. – Internet, ce n'est pas pareil. Ce n'est pas du politique structuré.

Stéphane Paoli. – Pas encore, mais cela pourrait le devenir un jour.

Daniel Cohn-Bendit. – Internet peut être un moyen de populariser le *nous*. La base de la petite communauté sympa. Une partie du succès de Ségolène Royal, au-delà de tous ses déficits et de ses erreurs – elle a dû en faire, sans quoi elle aurait gagné –, repose sur cette idée du participatif en politique, notamment à travers le net qui crée un *nous* où tout le monde est intelligent et participe. Cela n'a pas marché, mais l'idée est fondamentalement juste. Elle reprend un débat qui est toujours d'actualité, à savoir : quelle dimension nouvelle de la démocratie peut-on atteindre à partir de cette idée de la participation citoyenne ?

Stéphane Paoli. – Vous auriez envie de mettre Mai 68 dans les tuyaux, dans le tuyau d'internet, de faire en sorte que ce *nous*-là prenne corps dans cet espace-là ?

Daniel Cohn-Bendit. – Je crois que ce débat a lieu – et il a notamment eu lieu après l'intervention de Sarkozy. Deux incompréhensions majeures de 68 méritent notre attention. La première, c'est celle de Sarkozy et de la droite, pour qui tous les maux de la France d'aujourd'hui découlent de 68 : l'individualisme, les parachutes dorés, la société désintégrée, le dysfonctionnement de l'école, la révolte des banlieues. Pour avoir écrit sur les murs « il est interdit d'interdire », la génération 68 serait responsable de tout ce qui va mal en France. C'est clairement de l'incompréhension totale, tant de la société d'aujourd'hui que du type de société qui s'est mise en mouvement en 1968 et, par la suite, dans les années 1970. Cela ne veut pas dire que des choses horribles, débiles, idiotes n'auraient pas été dites ou faites par ce mouvement ! Mais là n'est pas la question.

La seconde incompréhension réside dans cette fable de l'extrême gauche pour qui réussir 68 reste le point à l'ordre du jour. Il suffirait donc de tout recommencer : le mouvement, la grève générale, pour enfin réussir la prise de pouvoir. Pour Sarkozy, 68 a échoué parce que ce fut terrible pour la société. Pour les autres, 68 a échoué parce que la prise de pouvoir n'a pas eu lieu ! Or 68, c'est tout sauf ça !

Quand je parle de révolte, c'est précisément pour dire que premièrement, 68 a entamé un processus de transformation de la société, voire peut-être simplement accéléré un processus déjà en marche et qui s'est prolongé par la suite. Deuxièmement, que 68 a, en même temps, été pris dans les contradictions de ce processus. Quarante ans après, on constate que l'on en est toujours à la question de savoir quelle pourrait bien être la politique nouvelle ? Alain Touraine vient de sortir un livre qui s'appelle *Penser autrement*. Ce livre peut paraître intemporel ! On pouvait le sortir en 1969, en 1972, en 1983. Dans le temps d'évolution du politique, on n'est pas encore à la hauteur de ce qu'on a remis en question en 68. La pensée de Touraine s'installe dans le présent tout en dépassant l'immobilisme d'une réflexion qui s'enfermerait dans les mythes soixante-huitards. À l'inverse d'Alain Badiou, qui déraille complètement quand il réduit Sarkozy à la France de Vichy et divague au point d'en arriver à un aveuglement coupable quand il tente de sauver l'idée du communisme en se référant à 68. Comme toujours, les marxistes sont incapables de dépasser l'hégélianisme primaire dont ils ont hérité et qu'ils sanctifient. Ils répètent sans cesse la même chose, et leur marxisme historique se réduit à un déterminisme idéologique conservateur. C'est ainsi qu'ils en oublient qu'à l'horizon du passé, le communisme n'est pas un mirage, mais une folie dévastatrice.

Jean Viard. – À l'inverse, je dirais que Nicolas Sarkozy a unifié la mémoire de 68 et la gauche. En se définissant comme « contre 68 », c'est la première fois que quelqu'un comme Ségolène Royal se définit « pour 68 ». Les socialistes ne parlaient jusqu'alors jamais de 68. D'une certaine façon, on reconstruit un clivage entre une gauche qui pourrait un jour penser 68 – ce qu'elle n'a pas fait parce que, s'il y a un endroit où l'on n'a jamais pensé 68, c'est au parti socialiste – et une droite qui l'affronte. On reconstruit un clivage, peut-être un peu primitif...

Stéphane Paoli. – Quand je pense aux profs qu'il y avait – Touraine, Morin et compagnie –, ça devait aider à vivre !

Daniel Cohn-Bendit. – Le 22 mars 1968, Jean Baudrillard, qui était alors maître-assistant à Nanterre, m'a envoyé une lettre, que j'ai malheureusement perdue. Dans cette lettre – et je suis toujours ému quand j'en parle – il me disait : « Dany, tu es extraordinaire ! Ce que tu as réussi aujourd'hui dans ce débat… Mais surtout, ne te laisse pas embrigader par toutes ces forces gauchistes qui t'amèneront à détruire tout ce qui, aujourd'hui, peut naître de cette formidable nouveauté que vous êtes en train de créer. »

Il avait raison, et cela reste vrai quarante ans après.

Table des matières

Achevé d'imprimer en mars 2008
sur les presses de Corlet Imprimeur, 14110 Condé-sur-Noireau
pour le compte des éditions de l'Aube
Le Moulin du Château, F-84240 La Tour d'Aigues

Numéro d'édition : 1365
Dépôt légal : avril 2008
N° d'impression : 111717

Imprimé en France